Neil Francis

Und dann hebt der Strohhalm ab...

Papierflugzeuge und andere Flugobjekte zum Selberbauen

Aus dem Amerikanischen von
Barbara Weiner
Illustrationen von June Bradford

Der Titel der Originalausgabe lautet:
»Super Flyers«
©1988 Neil Francis (Originaltext)
©1988 June Bradford (Illustrationen)
Kids Can Press Ltd., Toronto

CIP- Titelaufnahme der Deutschen Bibliothek

Francis, Neil: Und dann hebt der Strohhalm ab ....
Papierflugzeuge und andere Flugobjekte zum Selberbauen/Neil Francis.
2. Aufl. 6. - 8. Tsd. - Würzburg: Benziger Ed. im Arena Verl., 1991
ISBN 3-401-07041-X

2. Auflage 1991
6.–8. Tsd.
© 1990 Benziger Edition im Arena Verlag GmbH, Würzburg
Alle Rechte vorbehalten
Einband von Karl Müller-Bussdorf
Lektorat: Bärbel Riswick
Gesamtherstellung: Chemnitzer Verlag und Druck GmbH
Grafische Werke Zwickau
ISBN 3-401-07041-X

Inhalt

Superflieger   5

Gleiter   7
Der Delta-Pfeil   8
Der Delta-Segler   14
Der Delta-Raumgleiter   16
Der Origami-Kunstflieger   18
Der Doppelruder-Gleiter   28
Fliegende Styropor-Schale (FSS)   30

Drehflügler   37
Der Zeppelin   38
Der Roto-Gleiter   40
Der Helio-Halm   42

Was immer das sein mag   47
Der Strohhalm-Gleiter   48
Der Rundwirbler   52
Der Super-Rundwirbler   54

Fallschirme   57
Der Tempo-Fallschirm   58
Der Freiluft-Fallschirm   62

Drachen   65
Der Müllbeutel-Schlitten   66
Der Charinga   68
Der Bermuda-Kinder-Drachen   72

Superflieger

Dieses Buch zeigt dir viele tolle Flugobjekte, die du selbst bauen und fliegen lassen kannst. Und es verrät dir, wodurch sie (und auch richtige Flugzeuge und Hubschrauber) ihre Flugfähigkeit erlangen.

Wenn du einige der folgenden Modelle zu kennen glaubst, sieh noch einmal genau hin. Denn selbst die Flugzeuge, die dir bekannt vorkommen, haben etwas Neues an sich. Du kannst mit ihnen auch ein paar verblüffende Flugexperimente und Kunstflugfiguren machen.

Wo man auch ist, überall gibt es andere Papierflieger. Jede Region hat ihre Lieblingsmodelle, und einer zeigt dem anderen, wie man sie baut. Einige der Modelle, die du in diesem Buch findest, stammen aus den dreißiger Jahren, aus meiner Schulzeit in Toronto in Kanada. Später, auf meinen Reisen als Pilot der kanadischen Luftwaffe, sah ich im ganzen Land solche Flieger, aber überall wurden sie ein wenig anders gebaut.

Versuch einmal, die folgenden Flieger nachzubauen. Und dann probiere aus, ob du sie so abwandeln kannst, daß sie noch besser fliegen.

Viel Spaß dabei und guten Flug!

Neil Francis
Carp, Ontario, Kanada,
1988

GLEITER

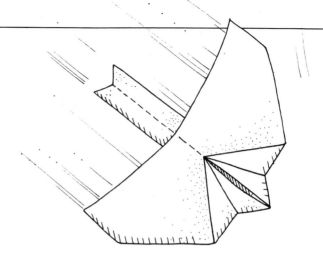

Vor langer Zeit schon wünschten sich die Menschen, fliegen zu können. Sie beobachteten die Vögel, um es von ihnen zu lernen. Bei den Vögeln sah das Fliegen schließlich ganz einfach aus. Sie schlugen nur mit den Flügeln, und fort ging's. Viele Menschen versuchten, es den Vögeln gleichzutun: Sie bauten sich ein paar Flügel und flatterten heftig damit. Das war zwar ein gute sportliche Übung, aber niemandem von ihnen gelang es, dadurch vom Boden abzuheben. Sie hatten noch nicht erkannt, daß die menschlichen Muskeln zu schwach sind, um das Gewicht eines Menschen durch Flügelschlagen in die Luft zu tragen.

Einige bemerkten aber, daß Vögel nicht immer mit den Flügeln schlagen; manchmal breiten sie nur ihre Flügel aus und gleiten durch die Luft. Vielleicht können Menschen gleiten, dachten sie, und begannen, es auszuprobieren.

Die ersten Gleitflüge endeten oft mit Abstürzen, denn man konnte damals noch nicht steuern. Vor etwa hundert Jahren fand Otto Lilienthal schließlich eine Lösung: Durch Verlagerung des Körpergewichts konnte der unter dem Gleiter hängende Pilot lenken. Seine herabbaumelnden Beine dienten außerdem auch als Fahrgestell.

Im Laufe der Zeit erlangte man immer mehr Wissen. Die Gebrüder Wright aus Amerika entwickelten Steuersysteme, die zunächst in Gleitflieger und später in Motorflugzeuge eingebaut wurden. Dank dieser und anderer Pionierarbeiten können wir heute wie die Vögel fliegen – allerdings mit etwas mehr Lärm.

Die Gleiter, die du im folgenden Kapitel kennenlernen wirst, sind »Starrflügel«-Gleiter. Wie Vögel, die mit ausgebreiteten Flügeln durch die Luft gleiten, so haben auch sie starre Flügel. Sie besitzen außerdem ein Steuersystem, damit sie besser fliegen und ein paar verblüffende Flugkunststücke ausführen können.

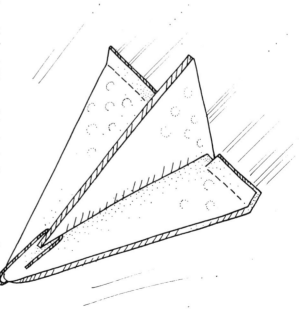

Der Delta-Pfeil

Zuerst sieht der Delta-Pfeil wie ein ganz gewöhnliches Papierflugzeug aus, aber dann bekommt er als Sonderausstattung ein Steuersystem, das genauso funktioniert wie das eines richtigen Flugzeugs. »Delta« ist die Bezeichnung des griechischen Buchstaben D, der wie ein Dreieck aussieht. In der Natur kommen deltaförmige Flügel nur selten vor, wenn überhaupt. Diese Form wurde von Menschen entwickelt. Man findet sie zum Beispiel bei dem Überschallflugzeug Concorde.

Du brauchst:
- ein Blatt Papier, das etwas länger als breit ist
- Klebeband
- Schere
- Lineal

1 Falte das Blatt der Länge nach und klapp es wieder auseinander.

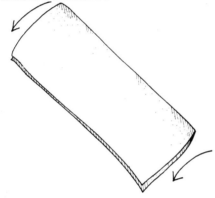

2 Knicke die beiden oberen Ecken zum Mittelfalz herunter.

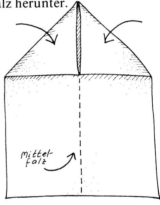

3 Knicke die beiden Ecken A zum Mittelfalz herunter.

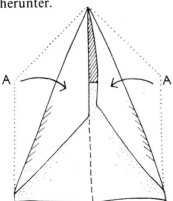

4 Falte das Blatt entlang zum Mittelfalz.

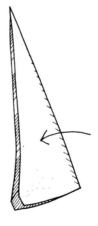

5 Falte die eine Hälfte zum Mittelfalz herunter. Dreh das Blatt um und falte die andere Hälfte herunter.

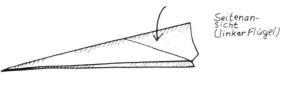

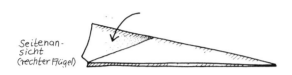

6 Bieg die Flügel so weit nach oben, daß sie waagerecht zur Seite abstehen. Der Delta-Pfeil muß vorn ganz spitz sein. Wenn nicht: Versuch's noch einmal.

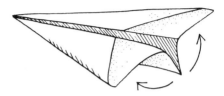

7 Kleb die Flügel zusammen, wie es die Abbildung zeigt.

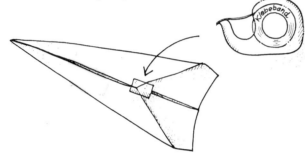

Wenn du nun versuchst, deinen Delta-Pfeil fliegen zu lassen, wird er wahrscheinlich zu Boden sausen. Blättere um und finde heraus, wie du ihn dazu bringst, so zu fliegen, wie du es willst.

Gefiederte Flieger

Wenn du das nächste Mal Huhn ißt, schau dir die übriggebliebenen Knochen genau an. Wie alle Vögel, so haben auch Hühner hohle Knochen mit dünnen Wänden. Ihr Skelett ist ganz zerbrechlich. Weil ihre Knochen so leicht sind, können Vögel fliegen.
Federn sind leicht und luftundurchlässig. Sie bilden eine warme, windschlüpfrige Schicht. Und sie geben den Flügeln die richtige Form. Ein Vogel ohne Federn kann nicht fliegen, weil seine Flügel nicht die nötige Form haben.
Bei ihren ersten Flugversuchen ahmten die Menschen Vögel nach. Dies mißlang ihnen,

weil es damals noch keine Leichtbaustoffe gab. Heute gibt es Aluminium, Kohlenstoffasern und anderen Materialien, die es uns ermöglichen, (fast) wie die Vögel zu fliegen.

Wie man den Delta-Pfeil trimmt

Die Höhenruder

Viele der Delta-Gleiter in diesem Buch fallen auf die Nase, wenn du ihnen kein Steuersystem baust. Die Steuerung, durch die eine Flugzeugnase hochgezogen oder heruntergedrückt wird, nennt man Höhenruder. So machst du deinem Delta-Flügler Höhenruder:

1 Schneide den Schwanz an vier Stellen ein (siehe Bild). Jeder Schnitt muß etwa 1 cm lang sein. Die entstehenden Papierklappen sind die Höhenruder.

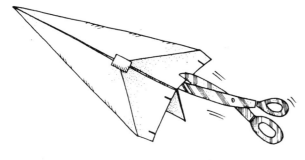

2 Bieg die Höhenruder hoch. Je höher du sie biegst, desto stärker werden sie die Nase des Fliegers hochziehen. Du solltest sie also zunächst nur ein wenig hochbiegen.

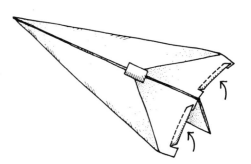

3 Mache einen Testflug und finde heraus, in welchem Winkel die Höhenruder stehen müssen. Fällt der Delta-Pfeil weiterhin auf die Nase, so stell das Ruder höher. Fliegt er hoch und dann im Sturzflug zu Boden, so biege sie etwas herunter. Das Einstellen der Ruder nennt man Trimmen.

Das Seitenruder

Die Steuerung, die den Flieger links- oder rechtsherum lenkt, heißt Seitenruder. So machst du deinem Delta-Pfeil ein Seitenruder:

1 Schneide die Heckflosse etwa 1 cm breit ein.

2 Soll der Gleiter nach links fliegen, so biege das Seitenruder ein wenig nach links.

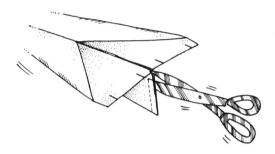

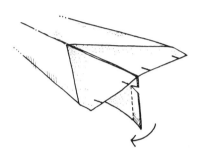

3 Soll der Gleiter nach rechts fliegen, biege das Seitenruder nach rechts. Je mehr du das Ruder umbiegst, desto schärfer wird die Kurve. Und: Je mehr du es umbiegst, desto steiler saust der Gleiter abwärts. Bei engen Kurven muß man deshalb unter Umständen das Höhenruder hochstellen, damit der Gleiter nicht so steil nach unten fliegt. Bei richtigen Flugzeugen ist es genauso; in einer Kurve muß der Pilot die Flugzeugnase hochziehen, damit der Flieger keinen Sturzflug macht.

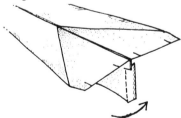

Alle Flugzeuge brauchen ein Steuersystem. Dieses Steuersystem, das vom Piloten bedient wird, hilft bei der Überwindung der Kopf- oder Schwanzlastigkeit des Flugzeugs und ermöglicht dem Piloten, eine bestimmte Richtung einzuschlagen.

Die Querruder

Querruder heißt die Steuerung, mit deren Hilfe der Gleiter eine Rollbewegung nach links oder rechts macht. Da dein Delta-Gleiter beim Fliegen waagerecht bleibt, brauchst du kein Querruder, um ihn auszubalancieren. Wenn du aber möchtest, daß er eine Rolle links- oder rechtsherum macht, kannst du die Höhenruder als Querruder benutzen. Das geht so:

1 Bieg ein Höhenruder hoch und das andere herunter.

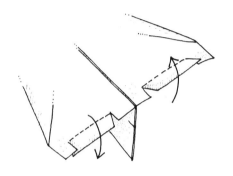

2 Wirf den Gleiter mit viel Schwung. Er wird in die Richtung des hochgestellten Höhenruders rollen.

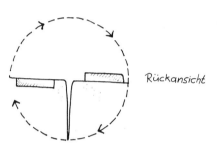

Höhenruder, die als Querruder dienen können, gibt es auch bei richtigen Flugzeugen, zum Beispiel bei der Concorde. Diese Kombination aus Höhen- und Querruder nennt man Elevon!

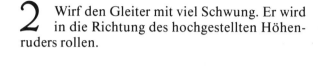

12

Wie Ruder die Flugrichtung beeinflussen

Höhen-, Seiten- und Querruder können die Flugrichtung verändern, indem sie den Luftstrom oberhalb der Steuerflächen beeinflussen. Ein Höhenruder funktioniert so:
Steht das Höhenruder waagerecht, so verläuft der Luftstrom auf der Ober- und Unterseite gleich. Die Flugrichtung ändert sich nicht.

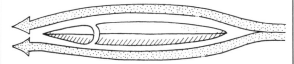

Bei hochgestelltem Höhenruder wird der Luftstrom auf der Oberseite ein wenig gebremst, während der auf der Unterseite schneller wird. Dadurch verändert sich der Druck auf die Steuerung: Auf der Oberseite herrscht ein größerer Druck als auf der Unterseite. Der obere Luftstrom drückt direkt auf das hochgestellte Ruder und preßt es herunter.

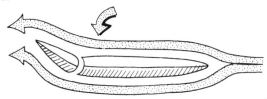

Wenn der Druck oben größer ist als unten, wird das hintere Flügelende des Gleiters mitsamt dem Höhenruder heruntergedrückt. Die Flugzeugnase wird entsprechend nach oben gezogen.

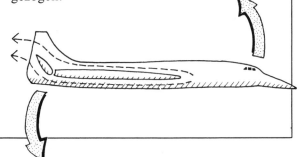

So funktioniert's

Daß ein Druckunterschied besteht, wenn auf der einen Seite eines Gegenstandes eine stärkere Strömung herrscht als auf der anderen, zeigt dir dieses Experiment.
Dreh den Wasserhahn auf. Halte einen Löffel locker am Griff fest und bringe den Schöpfteil des Löffels langsam in Kontakt mit dem strömenden Wasser. Du erwartest vielleicht, daß das Wasser den Löffel wegdrückt, aber das tut es nicht. Es saugt ihn in den Wasserstrom hinein. Warum? Dort, wo das Wasser über den Löffel hinwegfließt, besteht eine Strömung. Wo noch Luft an dem Löffel haftet, besteht keine Strömung. Wo die Strömung stärker ist (auf der Wasser-Seite), herrscht ein schwächerer Druck. Also kann der stärkere Druck auf der Luft-Seite den Löffel in den Wasserstrom hineinpressen.
Dieser Druckunterschied wurde vor etwa 200 Jahren von Daniel Bernoulli entdeckt.

Der Delta-Segler

Der Delta-Segler ist ein deltaförmiger Langstrecken-Gleiter. Wegen seiner großen Tragflächen kann er weiter fliegen als der Delta-Pfeil.

Du brauchst:
- ein Blatt Papier, das etwas länger als breit ist
- Schere
- Bleistift
- Lineal

1–4 Die ersten vier Schritte sind die gleichen wie beim Delta-Pfeil (Seite 8). Dein Gleiter sollte nun so aussehen:

5 Unterteile die hinteren Flügelkanten mit dem Bleistift in drei gleiche Abschnitte. Zeichne auf beiden Flügeln eine Falzlinie ein, die von der Nase des Fliegers bis zu der Markierung reicht, die dem Mittelfalz am nächsten ist.

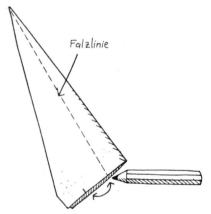

6 Falte zunächst einen Flügel entlang der Falzlinie herunter.

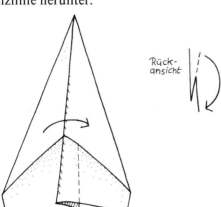

7 Falte nun den anderen Flügel herunter. Die Flügel sollten jetzt den Mittelteil ganz verdecken.

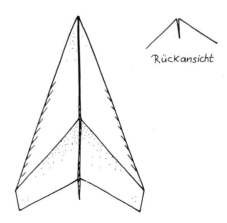

8 Bieg die Flügel so weit nach oben, daß sie waagerecht zur Seite abstehen. Klebe sie zusammen (siehe Bild). Befolge die Trimmanweisungen auf Seite 10 - 12.

Wegen seiner großen Tragflächen fliegt der Delta-Segler weiter und langsamer als der Delta-Pfeil. Laß ihn ein paarmal fliegen, dann wirst du weitere Unterschiede entdecken.

Der Delta-Segler   Der Delta-Pfeil

Vier Kräfte zum Fliegen

Es gibt vier Kräfte, die auf ein Papierflugzeug einwirken (und auf alles andere, was fliegt). Wenn der *Auftrieb* größer ist als das *Gewicht*, steigt das Flugzeug hoch. Ist der *Widerstand* größer als der *Vortrieb*, wird es langsamer. Aber wenn Auftrieb gleich Gewicht und Widerstand gleich Vortrieb, dann bleiben Flughöhe und -geschwindigkeit unverändert, denn alle Kräfte sind im Gleichgewicht.

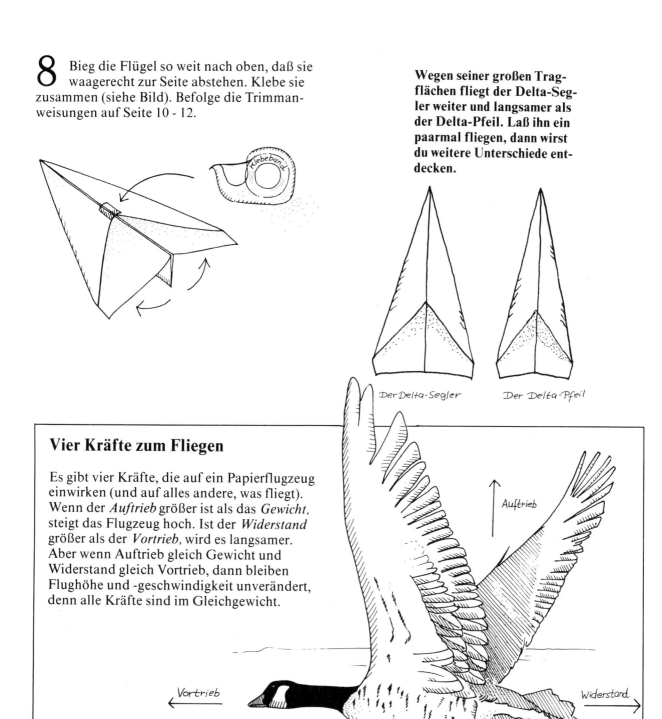

Der Delta-Raumgleiter

Dieser Delta-Gleiter hat hochgeklappte Flügelkanten. Man nennt sie Flügelohren. Es gibt auch richtige Flugzeuge mit Flügelohren.

Du brauchst:
– ein Blatt Papier, das etwas länger als breit ist
– Bleistift
– Klebeband
– Schere
– Lineal

1–4 Die ersten vier Schritte sind die gleichen wie beim Delta-Pfeil (Seite 8). Dein Gleiter sollte nun so aussehen:

5 Unterteile die hinteren Flügelkanten mit dem Bleistift in vier gleiche Teile.

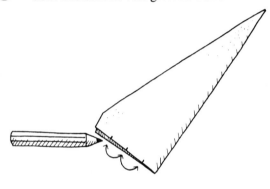

6 Zeichne auf einem Flügel eine Falzlinie ein (siehe Bild): Sie beginnt an dem Bleistiftstrich, der dem Mittelfalz am nächsten ist, und verläuft parallel zum Mittelfalz. Sie endet *nicht* an der Flugzeugnase.

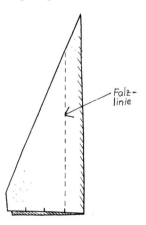

Falz-linie

7 Falte den Flügel entlang der Falzlinie herunter.

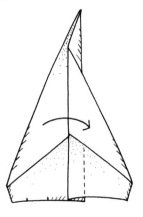

8 Falte ebenso den anderen Flügel herunter.

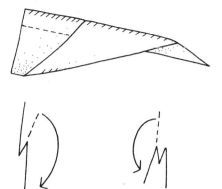

9 Die Seitenansicht sieht so aus. Knick nun die Kanten beider Flügel nach oben. Das sind die Flügelohren. Bei den meisten Gleitern sollten sie etwa 2 cm breit sein.

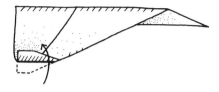

10 Richte Flügel und Flügelohren auf, wie es die Abbildung zeigt. Befolge die Trimmanweisungen auf Seite 10 - 12.

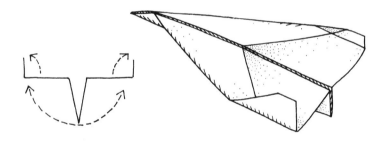

Freiluft-Flüge

Alle Delta-Gleiter fliegen auch draußen gut. Wenn der Wind deinen Gleiter zu sehr herumschubst, beschwere ihn mit zwei Büroklammern. Befestige sie am Mittelfalz, etwa auf halber Höhe zwischen Nase und Schwanz des Fliegers.

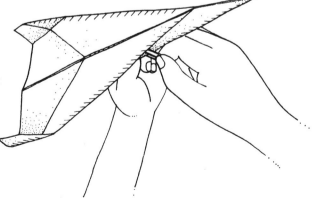

Der Origami-Kunstflieger

Dies ist eines der besten Papierflugzeug-Modelle der Welt. Die Art des Papierfaltens, die man hierbei anwendet, wurde in Japan erfunden und heißt Origami. Um einen guten Origami-Flieger zu erhalten, mußt du die Faltanleitung genau befolgen. Versuche, das Papier nicht zu zerknittern und Knicke zu vermeiden, die nicht vorgesehen sind.

Du brauchst:
- ein Blatt Papier der Größe 18 × 28 cm
- Schere
- Bleistift
- Lineal

1 Schneide einen Papierstreifen von 5 cm Breite vom oberen Blattrand ab. Das wird der Schwanz deines Kunstfliegers.

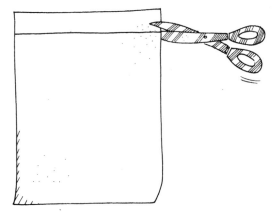

2 Falze den Schwanz in Längsrichtung und knick die unteren Ecken hoch (siehe Bild). Leg den Schwanz zur Seite.

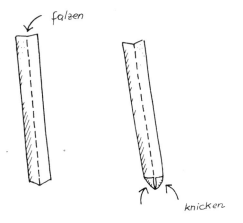

3 Markiere die eine Seite des Blattes mit einem U für unten und die andere mit einem O für oben.

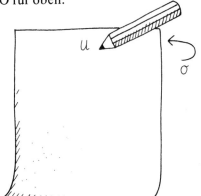

4 U zeigt nun nach oben. Falte die eine Ecke hoch, so daß sie auf die gegenüberliegende Kante trifft. Klapp sie wieder herunter. Es bleibt ein Falz. Mach das gleiche mit der anderen Ecke.

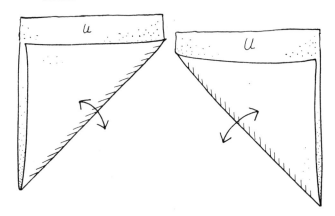

5 Das Blatt sollte jetzt zwei so verlaufende Falze haben:

6 Dreh das Blatt herum, so daß O nach oben zeigt. Falze es gemäß der Abbildung.

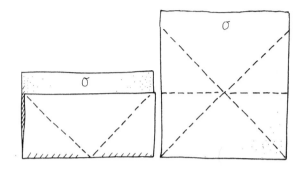

7 Dreh das Blatt wieder um, so daß U nach oben zeigt. Biege die linke und rechte Kante zur Mitte hin (siehe Bild) und drücke das Papier platt.

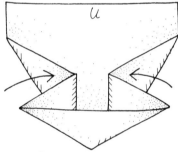

8 Falte der Abbildung entsprechend.

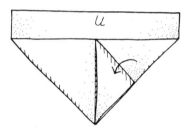

9 Falte und entfalte der Abbildung entsprechend, so daß ein Falz entsteht.

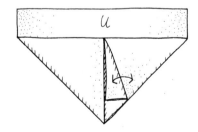

10 Falte und entfalte der Abbildung entsprechend, so daß ein weiterer Falz entsteht.

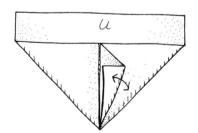

11 Die beiden Falze sollten sich folgendermaßen kreuzen:

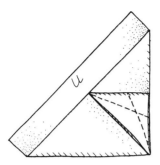

12 Klapp die Kanten entlang der Falze nach innen und drück die hochstehende Ecke zusammen.

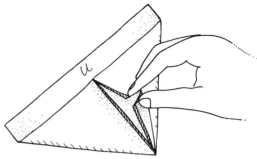

13 Knick die hochstehende Ecke in Richtung der Flugzeugnase herunter.

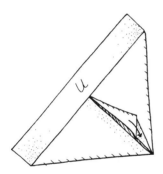

14 Wiederhole die Schritte 8 - 13 an der anderen Seite. Dein Kunstflieger sollte danach so aussehen:

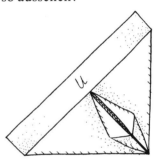

15 Klapp die Flugzeugnase entlang der gestrichelten Linie nach hinten.

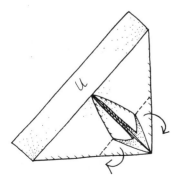

16 Dein Kunstflieger sollte jetzt so aussehen:

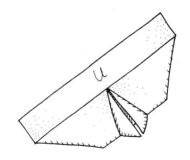

17 Falte das Flugzeug in der Mitte, so daß ein Falz entsteht.

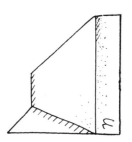

18 Klapp die Flügel auseinander und die Flugzeugnase wieder nach vorn.

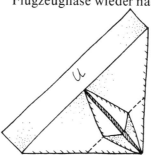

19 Setz den Flugzeugschwanz ein (siehe Bild).

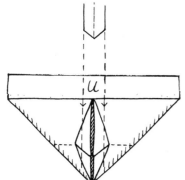

20 Knick die Flugzeugnase wieder nach hinten.

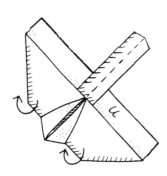

Flieger mit Fell

Nordamerikanische Flughörnchen fliegen überhaupt nicht – sie gleiten, genauso wie deine Papierflugzeuge. Ein Flughörnchen hat einen flachen Körper und Flughäute zwischen Vorder- und Hinterbeinen. Wenn es die Beine ausstreckt, straffen sich die Flughäute. Die gestrafften Häute sind die »Flügel«, die das Flughörnchen von Baum zu Baum tragen. Beim Gleitflug biegen sich diese »Flügel« leicht V-förmig nach oben.
Ein Flughörnchen benutzt seinen Schwanz als Steuerung. Von oben betrachtet hat das Flughörnchen Ähnlichkeit mit dem Origami-Kunstflieger.

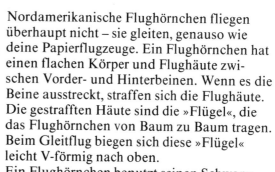

Wie man den Origami-Kunstflieger trimmt

An deinem Origami-Kunstflieger wirst du wahrscheinlich noch ein paar Änderungen vornehmen müssen, bevor er richtig fliegt. So trimmt man ihn:

1 Dreh den Flieger um, so daß das O oben ist.

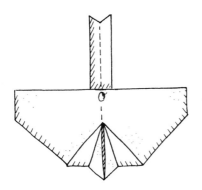

Die Tragflächen der meisten Flugzeuge stehen in einem sogenannten Anstiegswinkel V-förmig hoch. Achte auf dem Flugplatz einmal darauf. Einige der großen Jets haben herunterhängende Tragflächen, die sich erst im Flug hochstellen.

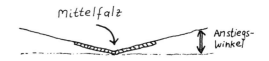

2 Falte den Flieger entlang dem Mittelfalz, so daß die Flügel leicht hochstehen.

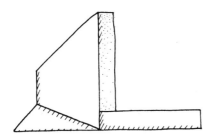

3 Laß ihn sachte gleiten. Er sollte ungefähr geradeaus fliegen oder eine leichte Links- oder Rechtskurve machen. Wenn er das tut, hast du Glück: Du brauchst nichts mehr zu verändern.

4 Wenn der Flieger enge Kurven macht oder im Kreis zu Boden fliegt, vergrößere dann den Anstiegswinkel etwas (biege die Flügel weiter nach oben).

5 Wenn das nicht funktioniert, mach deinem Flieger Möwenflügel: Falte ihn entlang dem Mittelfalz und knicke die Flügel entlang der äußeren Falzlinien in die Waagerechte herunter.

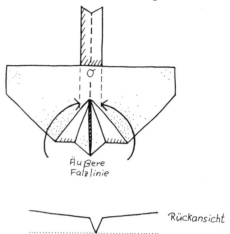

6 Wenn dein Origami-Flieger immer noch nicht gut fliegt, knicke die Flügelkanten herunter.

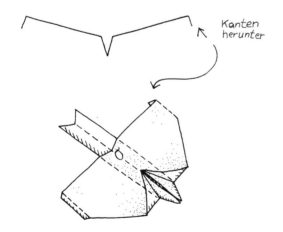

7 Wenn gar nichts hilft, leg den Flieger zur Seite. Jedes Papierflugzeug fliegt anders. Mach dir nichts draus, wenn deins nicht gut fliegt – bastle einfach ein neues.

Kunstflüge

Halte den Kunstflieger zwischen Daumen und Zeigefinger und laß ihn sachte fliegen. Wenn du »den Dreh herausgefunden« hast, probiere diese Kunstflüge aus:

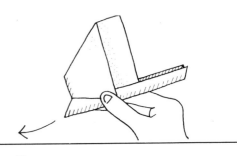

Der gerade Gleitflug
Gib dem Flieger behutsam Schwung und laß ihn aus deiner Hand gleiten.

Die Stampfbewegung
Wirf mit mittlerem Schwung geradeaus.

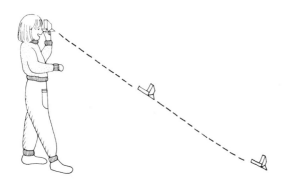

Der Looping
Wirf mit VIEL Schwung!

Der halbe Looping
Halte den Kunstflieger verkehrt herum ein wenig seitlich über deinen Kopf. Dann laß ihn fallen.

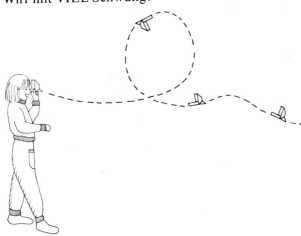

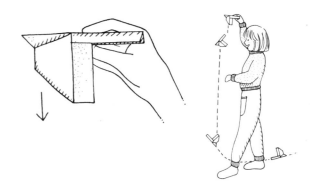

Der Sturzflug

Halte den Kunstflieger am Schwanz hoch in die Luft. Seine Nase zeigt senkrecht nach unten. Wenn du ihn nun fallen läßt, saust er zunächst steil nach unten. Kurz bevor er auf dem Boden auftrifft, macht er einen Bogen, um geradeaus weiterzufliegen. Sollte dies nicht funktionieren, stell dich auf einen Stuhl und probier es noch einmal.

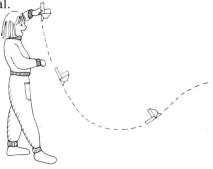

Der Schwanz-Sturz

Halte den Kunstflieger mit der Nase nach oben. Der Schwanz zeigt senkrecht nach unten. Laß den Flieger fallen. Er überschlägt sich und fliegt mit der Nase voraus geradeaus weiter. Sollte dies nicht funktionieren, stell dich auf einen Stuhl und versuch es aus dieser Höhe noch einmal.

Der Schwanz-Wurf

Halte den Kunstflieger der Abbildung entsprechend und wirf ihn mit dem Schwanz voraus. Sobald du ihn losläßt, dreht sich der Flieger um sich selbst und führt vielleicht auch ein paar aufregende Kunstflugfiguren vor. Für den Schwanzwurf braucht man ein wenig Übung, aber die Mühe lohnt sich...

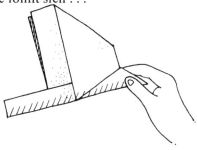

Die Rolle

Halte den Flieger an einem Flügel fest und wirf ihn wie ein Frisbee. Du wirst überrascht sein, was nun passiert.

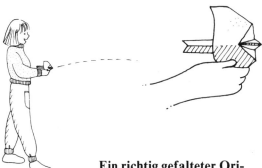

Ein richtig gefalteter Origami-Kunstflieger besitzt Flugstabilität – das heißt, er will immer waagerecht geradeaus fliegen, egal, wie man ihn wirft. Seine Bauweise und seine Flügelstellung bewirken diese Stabilität. Flugzeugkonstrukteure versuchen, auch richtigen Flugzeugen Flugstabilität zu geben, denn stabile Flugzeuge sind sicherer und besser zu steuern.

Flugexperimente

Wenn du mit dem Origami-Kunstflieger schon Flugerfahrung gesammelt hast, probiere ein paar Flugexperimente aus.

Fliegende Flunder

Was passiert, wenn du die Flügel ganz waagerecht stellst, so daß es keinen Anstiegswinkel mehr gibt?

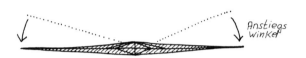

Fahrgestell »Kartoffelnase«

Drück die Nase des Origami-Fliegers nach unten, so daß ihre Unterseite aufklappt (siehe Bild). Der Flieger hat nun ein Fahrgestell. Dieses Kartoffelnasen-Modell hat eine veränderte Fluggeschwindigkeit.

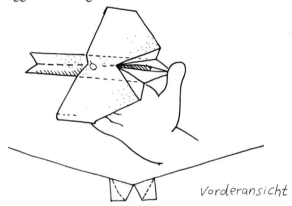

Heck-Verwandlung

Entferne den Schwanz des Flugzeugs. Was geschieht, wenn du es jetzt fliegen läßt? Nun setz den Schwanz wieder ein und vergleiche die Flugweise.

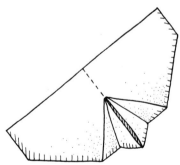

Pfeilgerade

Es ist nicht das Gewicht des Schwanzes, das den Origami-Flieger geradeaus fliegen läßt, sondern der Luftstrom, der *gegen* den Schwanz drückt. Der Schwanz eines Flugzeugs sorgt dafür, daß es die gerade Flugrichtung beibehält.

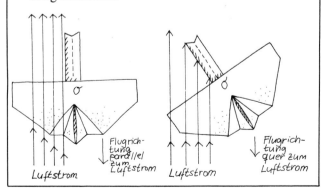

Beschwere deinen Flieger

1. Befestige eine Büroklammer an der Nase des Origami-Fliegers und laß ihn fliegen.

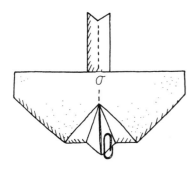

2. Nun befestige die Büroklammer am Schwanz des Flugzeugs. Laß es fliegen.

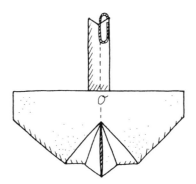

3. Wenn dein Origami-Flieger mit der Büroklammer vorn einen Sturzflug macht und mit der Büroklammer hinten schlingert oder eine Rückenlandung macht, ist das nichts Ungewöhnliches. Die Büroklammer bringt das aerodynamische Gleichgewicht deines Flugzeugs durcheinander und verändert seine Art zu fliegen.

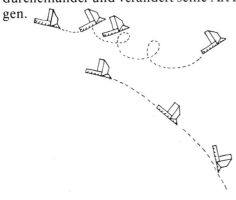

Gewicht und Gleichgewicht spielen auch bei richtigen Flugzeugen eine Rolle. Die Ladung eines Flugzeugs darf ein bestimmtes Gewicht nicht überschreiten, und das Gewicht der Ladung muß so verteilt sein, daß das Gleichgewicht des Flugzeugs nicht gestört wird – etwa indem der hintere Teil des Flugzeugs schwerer beladen wird als der vordere.

Der Doppel-ruder-Gleiter

Dieser schnelle Origami-Flieger mit Doppelruder ist eine Abwandlung des Origami-Kunstfliegers.

Du brauchst:
- ein Blatt Papier der Größe 18 × 28 cm
- Schere
- Bleistift
- Lineal

1–16 Befolge die Anweisungen Nr. 3 - 16 für den Bau des Origami-Kunstfliegers (S. 18 - 20). Dein Gleiter sollte nun so aussehen:

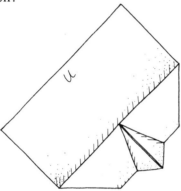

17 Dreh den Gleiter um, so daß O nach oben zeigt, und falte ihn in der Mitte.

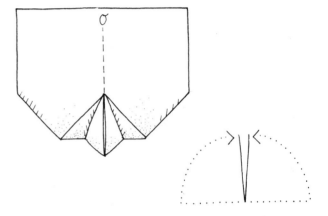

18 Halte die beiden Flügel zusammen und mach der Abbildung entsprechend zwei Schnitte.

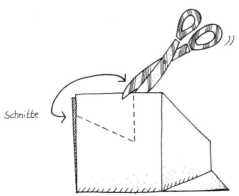

19 Falte die Schwanzecken entlang der vorgegebenen Falzlinien nach oben (siehe Bild). Dies sind die Seitenruder.

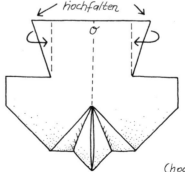

Wie man den Doppelruder-Gleiter trimmt

1 Trimm den Gleiter, indem du die Flügel V-förmig hochstellst. Erläuterungen dazu findest du auf S. 22.

2 Achte darauf, daß die Seitenruder immer gerade nach oben oder nach unten zeigen und nicht schräg stehen. Laß den Doppelruder-Gleiter genauso fliegen wie den Origami-Kunstflieger (siehe S. 24 - 25).

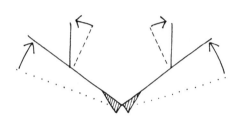
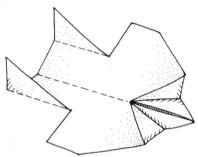

Der Möwenflügler

1 Zeichne der Abbildung entsprechend zwei Falzlinien ein.

2 Falte die Flügel hoch, so wie es die Abbildung zeigt.

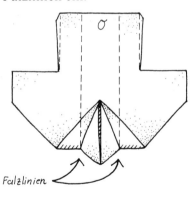
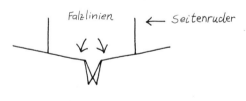

Fliegende Styropor-Schale (FSS)

Sicher kennst du die Styroporschalen, in denen im Supermarkt Fleisch und Geflügel abgepackt werden. Bewahre eine solche Schale auf und baue daraus diesen tollen Flieger.

Du brauchst:
- eine saubere Styroporschale
- einen Filzstift
- Klebeband
- Schere
- Lineal

1 Schneide die nach oben gebogenen Ränder der Schale ab und schneide das flache Mittelstück zu einem Quadrat zurecht.

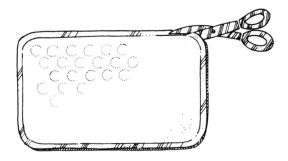

2 Zeichne mit dem Filzstift ein Dreieck aus Styropor (siehe Bild). Schneide an den Linien entlang. Das große Dreieck ist die Tragfläche der FSS, eines der kleinen Dreiecke dient als Seitenflosse und Seitenruder. Wirf das andere kleine Dreieck weg.

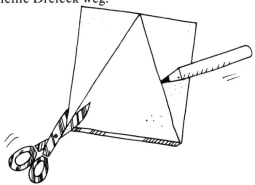

3 Schneide in das große Dreieck einen Schlitz, der bis zur Dreiecksmitte reicht. Er muß gerade so breit sein, daß man ein anderes Styropor-Stück hineinstecken kann.

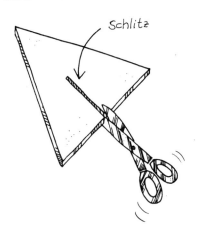

4 Schneide in die Seitenflosse einen Schlitz, der nicht ganz bis zur Mitte reicht. Dieser Schlitz muß genauso breit sein wie der andere.

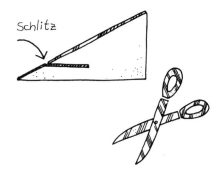

5 Schneide das vordere Ende der Flosse schräg ab (siehe Bild).

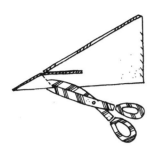

6 Steck Flosse und Tragfläche zusammen. Die beiden Schlitze müssen genau ineinandergreifen.

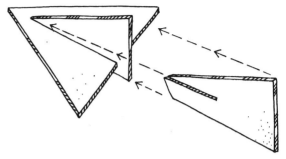

7 Wenn die Flosse nicht richtig feststeckt, kleb sie an der Tragfläche an. Die Flosse sollte ein wenig über das Ende der Tragfläche hinausragen. Zeichne am hinteren Flossenende eine Falzlinie ein.

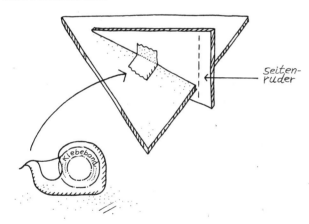

8 Mach links und rechts von der Flosse einen 1 cm breiten Einschnitt. Zeichne an den gekennzeichneten Stellen zwei Falzlinien ein. Die entstandenen Klappen sind die Höhenruder.

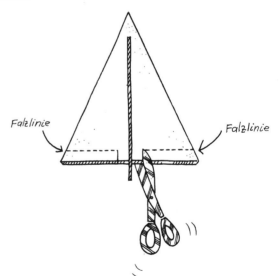

Wie man die FSS trimmt

Die FSS ist noch nicht ausbalanciert. So wird sie gut fliegen:

1 Beschwere die Flugzeugnase mit Büroklammern. Bei einer kleinen FSS reichen ein oder zwei Büroklammern. Bei einer größeren brauchst du vielleicht mehr oder mußt sogar eine Münze aufkleben.

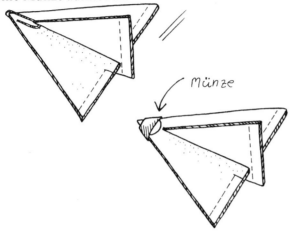

2 Stell das Seitenruder gerade und bieg die Höhenruder leicht nach oben.

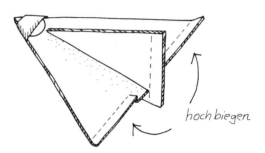

3 Laß deine FSS sachte fliegen. Wenn sie einen Sturzflug macht, stell die Höhenruder steiler oder vermindere das Gewicht der Nase.

4 Wenn die FSS langsam gleitet und dabei stufenartig absinkt, bieg die Höhenruder etwas herunter und mach die Flugzeugnase schwerer. Verändere die Ruderstellung und das Gewicht der Nase so lange, bis du mit dem Flug der FSS zufrieden bist.

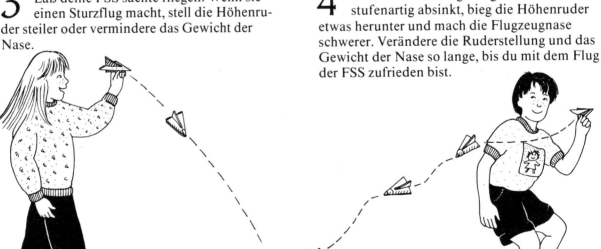

5 Die FSS fliegt eine Kurve, wenn du das Seitenruder ein wenig umbiegst. Achte darauf, daß beide Höhenruder gleich weit nach oben gebogen sind.

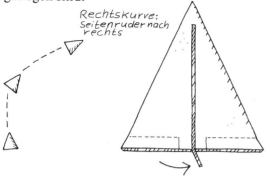

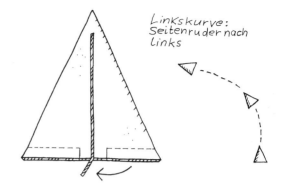

Fliegende Fische!

Fliegende Fische sind klein und schmecken sehr gut (die Armen). Damit sie sich vor hungrigen Raubfischen in Sicherheit bringen können, haben sie lange Brustflossen, die sie wie Flügel durch die Luft tragen. Um zu »fliegen«, schwimmen sie sehr schnell, schießen dann aus dem Wasser und gleiten ein Stück weit durch die Luft, bevor sie wieder ins Wasser zurückfallen. Fliegende Fische können ihre »Flüge« nicht steuern; ihre Schwänze sind dazu nicht gut geeignet. Aber schließlich sind sie ja Fische, und dafür ist ihre Flugfähigkeit recht beeindruckend. Der englische Schriftsteller Samuel Johnson verglich Fliegende Fische einmal mit Hunden, die auf den Hinterbeinen laufen: Sie können es nicht gut, aber man staunt, daß sie es überhaupt schaffen.

Kunstflüge mit der FSS

Wenn deine FSS erst einmal gut fliegt, kannst du diese Flugkunststücke ausprobieren:

Der Looping
Wirf die FSS mit VIEL Schwung geradeaus.

Die Schnellkurve
Halt die FSS schräg und wirf sie mit viel Schwung.

Abwandlungsversuche

Was passiert, wenn du die Flügel- oder Schwanzform der FSS veränderst? Fliegt sie dann besser oder schlechter? Probiere die unten beschriebenen Formen aus, und mach dann deine eigenen Entwürfe. Wenn du mehrere Flügel- und Flossenformen entworfen hast, kannst du sie in unterschiedlichen Kombinationen ausprobieren.

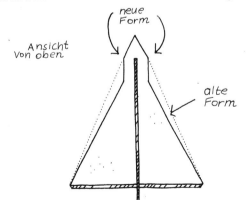

1 Schneide die Flügelkanten der FSS der Abbildung entsprechend zurecht.

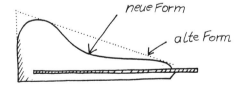

2 Runde die Flosse ab (siehe Bild).

Vogel oder Flugzeug?

Bei den Vögeln haben sich unterschiedliche Flügelformen herausgebildet, die für jeweils andere Flugweisen geeignet sind. Beim Bau von Flugzeugen verwendet man die gleichen Flügelformen, um bestimmte Flugweisen zu erzielen.

Steigflug

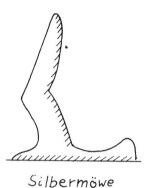
Silbermöwe

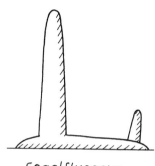
Segelflugzeug (Gleiter)

Mehrzweck-Flug

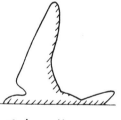
Schwalbe

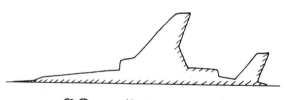
McDonnell CF 101 Voodoo

Manövrierbarer Schnellflug

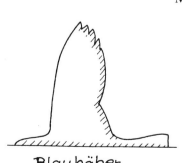
Blauhäher

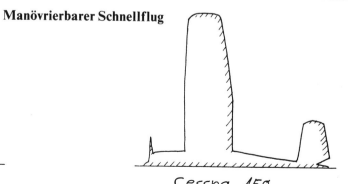
Cessna 150

DREHFLÜGLER

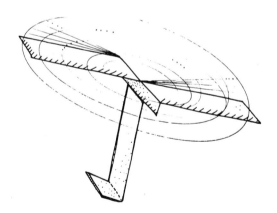

Die Idee, mit Drehflügeln statt mit starren Flügeln zu fliegen, ist schon sehr alt. Die Natur kam zuerst darauf. Sieh einmal zu, wie der geflügelte Samen eines Ahorns vom Baum auf die Erde hinunterwirbelt. Durch seine Drehbewegung gelangt er zum Ziel.

Als die Menschen das Fliegen mit Drehflügeln ausprobierten, stießen sie auf Schwierigkeiten. Das lag zunächst einmal daran, daß Menschen – im Gegensatz zu Ahornsamen – schwindlig werden, wenn sie sich drehen. Bei einer rotierenden Flugmaschine würden sich nicht nur die Flügel, sondern auch der Pilot drehen. Ihm würde schwindlig oder übel oder beides zugleich. Man versuchte, den Piloten auf einer Sitzfläche zu plazieren und ihn von dort aus mit eigener Muskelkraft die Flügel antreiben zu lassen. Doch dabei drehte sich die Sitzfläche in die den Flügeln entgegengesetzte Richtung.

Aber die Tüftler ließen nicht locker, denn Drehflügler boten den großen Vorteil, daß man mit ihnen senkrecht starten konnte. Zuerst gelang der Bau des Tragschraubers, der wie eine Mischung aus Flugzeug und Hubschrauber aussah. Er hatte Drehflügel und auch einen Motor und einen Propeller. Aber um abzuheben, mußte er sich vorwärtsbewegen. Später wurde schließlich ein Hubschrauber erfunden, der senkrecht starten konnte.

Drehflügler aus Papier sind einfach zu basteln und fliegen toll. Wenn du die Flieger in diesem Kapitel nachgebaut hast, kannst du versuchen, eigene Modelle zu entwerfen.

Der Zeppelin

Dies ist wohl der einfachste Papierflieger des ganzen Buches. Er gleitet steil abwärts und dreht sich dabei rasch um sich selbst.

Du brauchst:
- ein Blatt Papier, DIN A 4
- Schere

1 Schneide ein Stück Papier zu einem Streifen von etwa 2 cm Breite und 21 cm Länge zurecht.

2 Schneide beide Enden des Papierstreifens je einmal ein (siehe Bild). Die Schnitte müssen sich auf einander gegenüberliegenden Seiten befinden und dürfen nur halb so lang sein wie der Streifen breit ist.

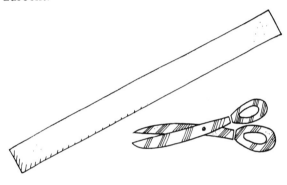

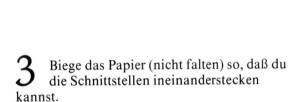

3 Biege das Papier (nicht falten) so, daß du die Schnittstellen ineinanderstecken kannst.

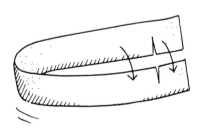

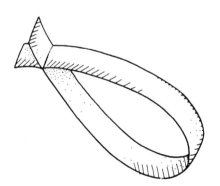

Wie man den Zeppelin fliegen läßt

Den Zeppelin fliegen zu lassen ist ganz einfach. Halte ihn nur hoch in die Luft und laß ihn fallen. Im Fall beginnt er, sich zu drehen. Nun sieht er aus wie ein richtiger Zeppelin. Die Drehbewegung gibt ihm Flugstabilität. Versuche, ihn von einem erhöhten Punkt aus fliegen zu lassen – zum Beispiel der obersten Stufe einer Treppe.

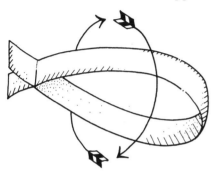

Wie groß ist der größte Papier-Zeppelin, den du bauen und fliegen lassen kannst? Und der kleinste?

Luftschiffe

Ein richtiger Zeppelin ist ein Starrluftschiff: Er besteht aus einem starren, mit Stoff überzogenen Gerüst, in dessen Innern sich Gaszellen befinden. Mit Hilfe des Gases kann er in der Luft schweben. Ein Pralluftschiff dagegen ist ein großer, zigarrenförmiger Ballon, der mit Gas und Luft gefüllt ist. Er hat kein starres Gerüst.
Starr- und Pralluftschiffe bewegen sich mit Hilfe von Motoren und Luftschrauben fort und werden von einem Piloten gesteuert, der im Führerraum einer Gondel sitzt.

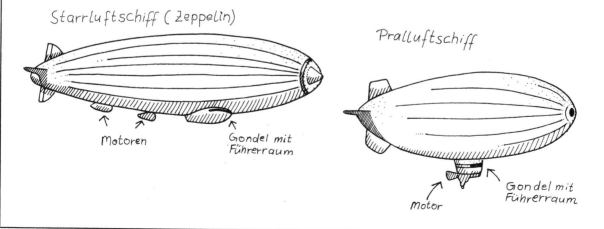

Der Roto-Gleiter

Rundherum und -herum und herunter... Die Flügel des Roto-Gleiters drehen sich im Flug – genauso wie die Rotorblätter eines Hubschraubers.

Du brauchst:
- ein Blatt Papier, DIN A 4
- Schere
- Bleistift

1 Schneide das Blatt der Abbildung entsprechend zurecht. Schneide entlang der durchgezogenen Linien und zeichne die gestrichelten Linien mit dem Bleistift ein.

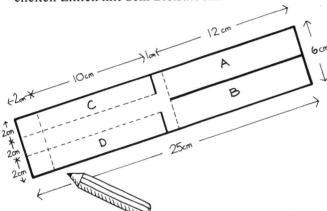

2 Knicke A und B in entgegengesetzte Richtungen.

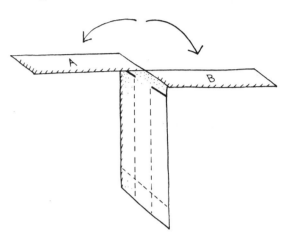

3 Falte C und D zur Mitte hin, so daß sie sich überlappen.

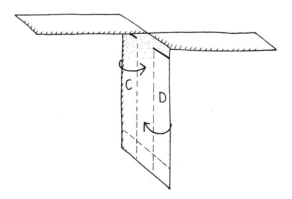

4 Falte das untere Ende hoch.

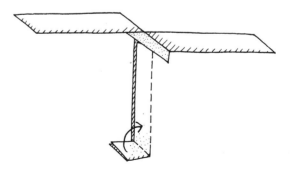

Wie man den Roto-Gleiter fliegen läßt

1 Halte den Roto-Gleiter hoch über deinen Kopf und laß ihn fallen. Er gleitet zu Boden und dreht sich dabei. Je höher man ihn starten läßt, desto weiter fliegt er.

2 Wenn dein Roto-Gleiter hin- und herpendelt, befestige an seinem unteren Ende eine Büroklammer oder ein anderes leichtes Gewicht.

Einflüglige Roto-Gleiter

Der Samen des Ahorns hat zwar nur einen »Flügel«, aber wenn er vom Baum herabwirbelt, bleibt er durch die Drehbewegung trotzdem im Gleichgewicht. Während er so herabgleitet, entfernt er sich vom Baum und gelangt an eine Stelle, wo er besser wachsen kann.

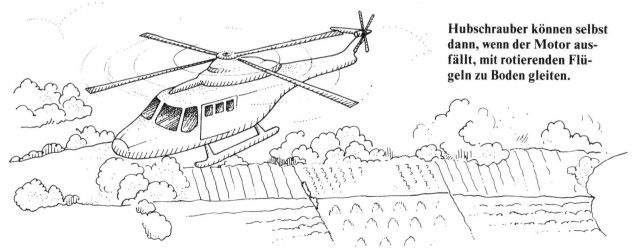

Hubschrauber können selbst dann, wenn der Motor ausfällt, mit rotierenden Flügeln zu Boden gleiten.

Der Helio-Halm

Dieser Drehflügel-Gleiter kann nicht nur gleiten – er kann auch aufsteigen und in der Luft kreisen.

Du brauchst:

- Pappe (z.B. die eines Schreibblocks)
- einen Plastik-Strohhalm
- farbiges Klebeband
- Schere
- Lineal

1 Schneide einen Pappstreifen mit den Maßen 21 × 2 cm aus. Zeichne von Ecke zu Ecke zwei sich kreuzende Linien und bestimme den Mittelpunkt.

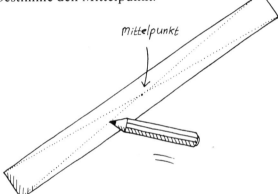

2 Steche durch den Mittelpunkt ein Loch, das ein wenig größer ist als die Dicke (der Durchmesser) des Strohhalms. Benutze dazu eine Lochzange oder die Spitze einer Schere.

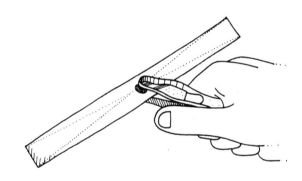

3 Schneide der Abbildung entsprechend zu beiden Seiten des Lochs 1 cm weit ein. So entsteht der Flügel des Helio-Halms.

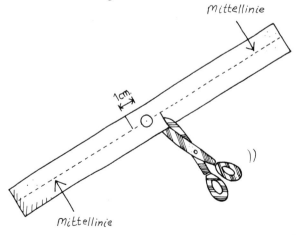

4 Wickle Klebeband um ein Ende des Strohhalms. Das umwickelte Ende muß genau in das Flügelloch hineinpassen. Stecke Flügel und Halm zusammen. Wenn der Flügel zu locker sitzt, klebe ihn am Strohhalm fest.

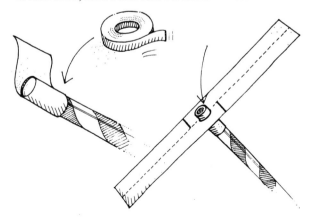

5 Knicke die Flügelenden 1 cm breit nach unten um und klebe sie fest. Die Enden werden dadurch schwerer, und der Flügel wird sich mit mehr Schwung drehen.

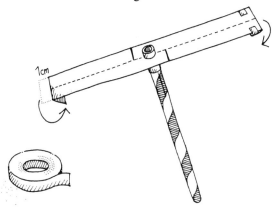

6 Biege die Flügelkanten ein wenig nach unten (entlang der Mittellinie, ausgehend von den Einschnitten). Es darf nur eine leichte Wölbung entstehen. Achte darauf, daß beide Flügelkanten gleich weit heruntergebogen sind.

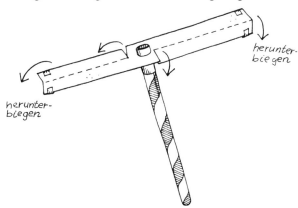

So funktioniert's

Damit Auftrieb entsteht, muß Luft über eine Tragfläche hinwegströmen. Bei den Delta- und Origami-Gleitern, die du schon aus den vorigen Kapiteln kennst, entsteht diese Strömung während des Durch-die-Luft-Gleitens. Bei Drehflüglern wie dem Roto-Gleiter entsteht sie, während die Flügel sich drehen. An windigen Tagen kann mit kleinen Flugzeugen, die sich am Boden befinden, folgendes geschehen: Es kann so viel Luft über ihre Flügel hinwegströmen, daß sie vom Boden abheben und sich überschlagen. Deshalb werden kleine Flugzeuge gewöhnlich am Boden verankert.

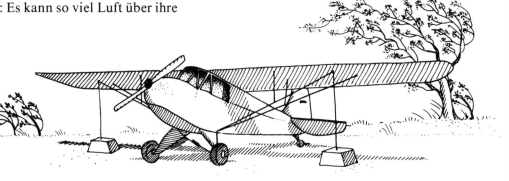

Wie man den Helio-Halm trimmt und fliegen läßt

1 Halte den Strohhalm zwischen den Handflächen fest. Reibe eine Handfläche an der anderen, so daß der Flügel beginnt, sich im Uhrzeigersinn zu drehen. Laß los. Der Helio-Halm gleitet aus deinen Händen und dreht sich dabei.

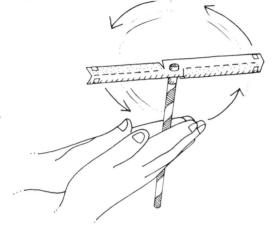

2 Wenn der Flügel sich dreht, der Helio-Halm aber nicht aufsteigt, biege die Flügelkanten ein wenig tiefer herunter. Wenn der Helio-Halm schnell aufsteigt, aber beinahe sofort aufhört, sich zu drehen, biege die Flügelkanten wieder etwas nach oben. Experimentiere so lange herum, bis du die beste Flügelstellung gefunden hast.

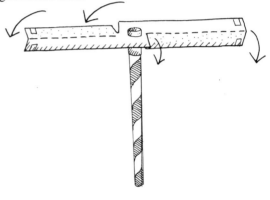

Helio-Kopter

Dein Helio-Halm fliegt genauso wie ein Helikopter. Wenn man den Rotor (den Drehflügel) eines Helikopters schrägstellt, fliegt der Helikopter in die Richtung, in die der Rotor sich neigt.

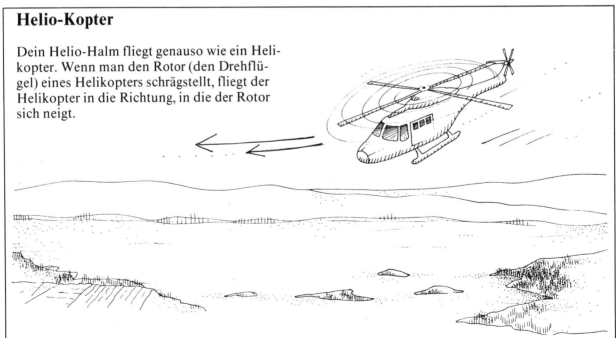

Kunstflüge mit dem Helio-Halm

Wenn du den Helio-Halm schon gut fliegen lassen kannst, dann probiere diese Flugkunststücke aus:

Probiere verschiedene Flügelgrößen und -formen aus. Oder auch vier Flügelblätter statt zweien.

Der Gleitflug
Dreh den Helio-Halm sachte nach hinten (im Uhrzeigersinn) und laß ihn los. Er wird rotierend zu Boden gleiten, genauso wie der Roto-Gleiter.

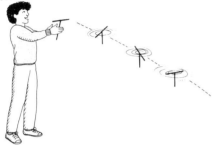

Der Rundflug
Halte den Helio-Halm gerade nach oben und laß ihn fliegen. Er steigt zunächst auf und kreist durch die Luft, bevor er zu Boden gleitet.

Der Schnellflug
Neige den Helio-Halm von dir weg und laß ihn fliegen.

Propeller

Wenn du den Strohhalm waagerecht hältst, dann wird der Rotor zum Propeller. Versuche, den Helio-Halm so fliegen zu lassen. Er wird einfach zu Boden fliegen. Ein Propeller muß an etwas befestigt sein, das Auftrieb erhält (wie zum Beispiel die Tragflächen beim Flugzeug), sonst funktioniert er nicht richtig. Die Tragflächen sorgen für den Auftrieb und der Propeller für die Vorwärtsbewegung.

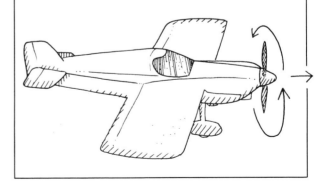

WAS IMMER DAS SEIN MAG

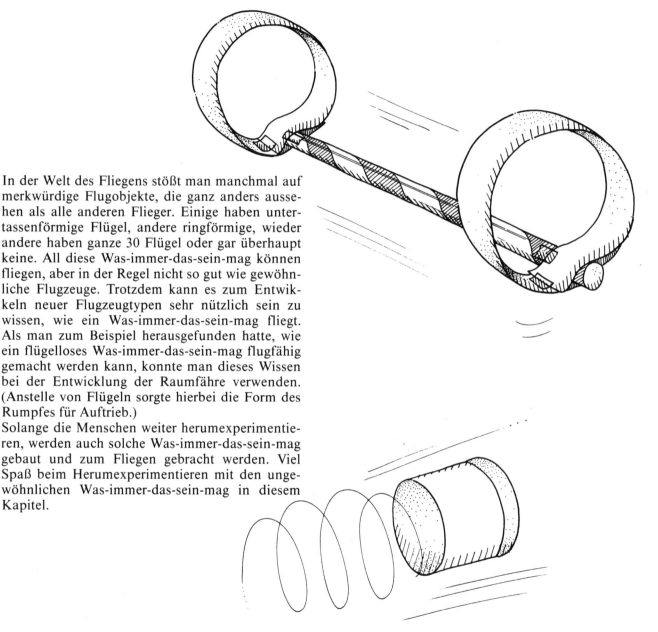

In der Welt des Fliegens stößt man manchmal auf merkwürdige Flugobjekte, die ganz anders aussehen als alle anderen Flieger. Einige haben untertassenförmige Flügel, andere ringförmige, wieder andere haben ganze 30 Flügel oder gar überhaupt keine. All diese Was-immer-das-sein-mag können fliegen, aber in der Regel nicht so gut wie gewöhnliche Flugzeuge. Trotzdem kann es zum Entwickeln neuer Flugzeugtypen sehr nützlich sein zu wissen, wie ein Was-immer-das-sein-mag fliegt. Als man zum Beispiel herausgefunden hatte, wie ein flügelloses Was-immer-das-sein-mag flugfähig gemacht werden kann, konnte man dieses Wissen bei der Entwicklung der Raumfähre verwenden. (Anstelle von Flügeln sorgte hierbei die Form des Rumpfes für Auftrieb.)

Solange die Menschen weiter herumexperimentieren, werden auch solche Was-immer-das-sein-mag gebaut und zum Fliegen gebracht werden. Viel Spaß beim Herumexperimentieren mit den ungewöhnlichen Was-immer-das-sein-mag in diesem Kapitel.

Der Strohhalm-Gleiter

Der Strohhalm-Gleiter hat ringförmige Flügel oder »Rundflügel«. Man hat versucht, richtige Flugzeuge mit Rundflügeln zu bauen – fast seit dem Beginn der Luftfahrt. Aber diese Versuche waren nie sehr erfolgreich. Beim Strohhalm-Gleiter dagegen funktionieren die Rundflügel sehr gut.

Du brauchst:

- ein Blatt Papier
- einen Plastik-Strohhalm
- Klebeband
- Schere
- Lineal

1 Schneide den Strohhalm auf 21 cm Länge zurecht.

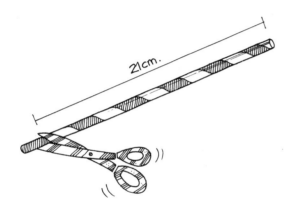

2 Schneide zwei Papierstreifen aus: einen mit den Maßen 2 × 16 cm, den anderen mit den Maßen 1,5 × 14 cm.

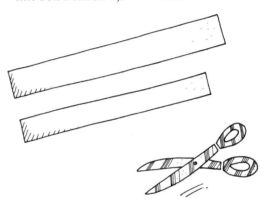

3 Biege den größeren Streifen zu einem Ring zusammen, so daß sich die Enden überlappen. Klebe beide Enden fest (siehe Bild), so daß sich eine Tasche bildet, in die man den Strohhalm hineinstecken kann.

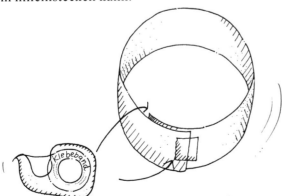

4 Öffne die Tasche und steck ein Ende des Strohhalms hinein.

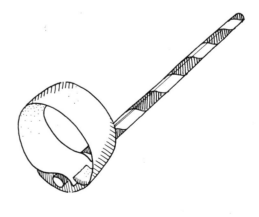

5 Biege den kleineren Papierstreifen zu einem Ring zusammen und klebe die Enden fest wie vorher bei dem größeren Streifen. Steck den Ring auf das andere Ende des Strohhalms.

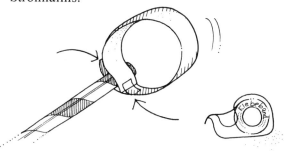

6 Schiebe die beiden Papierringe (die Rundflügel) so zurecht, daß sie der Abbildung entsprechend am Strohhalm stecken. Klebe sie fest.

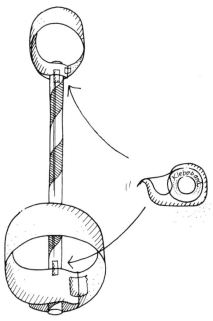

7 Achte darauf, daß Strohhalm und Flügel, von oben betrachtet, einen rechten Winkel bilden. Tun sie dies nicht, zieh das Klebeband ab, rück die Flügel zurecht und kleb sie wieder fest.

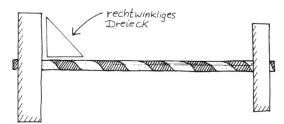

Er sieht nicht aus, als ob er fliegen könnte? Wart's ab.

Wie man den Strohhalm-Gleiter trimmt und fliegen läßt

1 Halte den Gleiter am Strohhalm fest, so daß der kleinere Flügel nach vorn zeigt. Laß ihn sachte fliegen.

2 Wenn der Gleiter einen Sturzflug macht, rück den größeren Flügel ein wenig nach vorn und probier's noch einmal. Rückst du ihn zu weit vor, so wird der Gleiter im Flug schlingern.

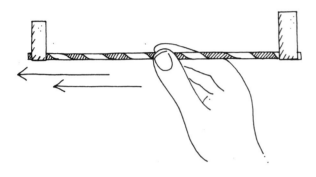

3 Schlingert der Gleiter, wenn du ihn zum ersten Mal fliegen läßt, dann rück den kleinen Flügel ein wenig nach hinten und versuche es noch einmal. Mit richtig stehenden Flügeln macht der Gleiter einen langen, ebenen Flug.

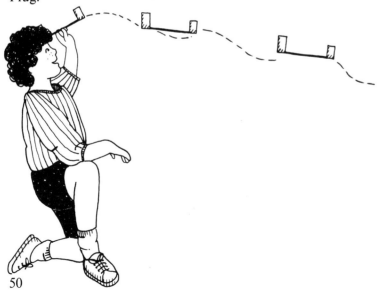

Was passiert, wenn du den Gleiter umgekehrt, mit dem großen Flügel nach vorn, fliegen läßt?

Kurvenlos

Wenn dein Strohhalm-Gleiter richtig ausgetrimmt ist, fliegt er immer schnurstracks geradeaus – sogar, wenn du ihn beim Werfen zur Seite neigst. Denn sobald du ihn losläßt, dreht sich der Strohhalm wieder nach unten, so daß der Flug gerade wird.

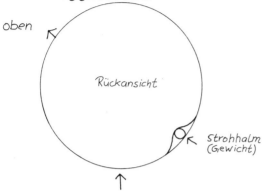

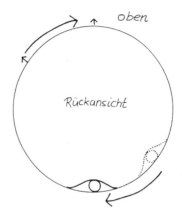

Gleiter beim Wurf mit schräggestellten Flügeln.

Strohhalm (Gewicht) dreht sich nach unten.

So funktioniert's

Die oberen und unteren Flügelflächen sorgen für den Auftrieb, und die Seiten der Flügel bewirken – wie der Schwanz des Origami-Kunstfliegers –, daß das Flugzeug geradeaus fliegt.

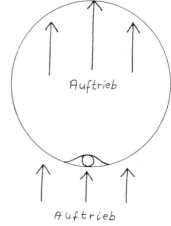

Der Rundwirbler

Leichte Pappzylinder können fliegen, wenn man sie ein wenig zurechtbastelt. Das Geheimnis hierbei ist, daß man die Vorderseite beschweren und dem Zylinder einen Drall geben, ihn also in der Luft rotieren lassen muß. Mit dem Rundwirbler kann man zwar keinen Preis gewinnen, aber es macht Spaß, ihn fliegen zu lassen.

Du brauchst:

- den Pappzylinder einer Rolle Küchen- oder Toilettenpapier
- dickes, farbiges Klebeband
- Schere
- Lineal

1 Miß die Dicke (den Durchmesser) des Zylinders. Schneide ihn so zurecht, daß Länge und Durchmesser ungefähr gleich sind. Dieser Zylinder hier hat einen Durchmesser von 4 cm, deshalb wurde er auf eine Länge von 4 cm zurechtgeschnitten.

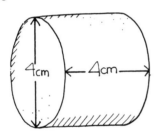

2 Umwickle das eine Ende mit dickem Klebeband.

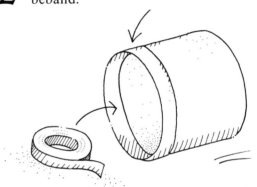

Wie man den Rundwirbler trimmt und fliegen läßt

1 Laß den Rundwirbler mit dem beklebten Ende nach vorn fliegen und gleichzeitig rotieren. Das geht so: Leg den Zylinder auf deine Hand, wirf ihn von unten hoch und gib ihm dabei mit den Fingern einen Drall. Der Rundwirbler fliegt vielleicht anfangs nicht besonders gut. Aber du mußt erst die richtige Wurftechnik herausbekommen, bevor du ihn trimmen kannst, damit er besser fliegt.

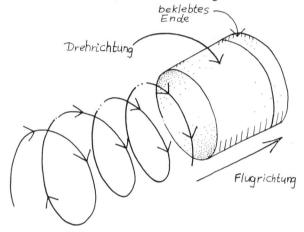

2 Wenn du die Wurftechnik wie aus dem Effeff beherrschst, fällt dir vielleicht auf, daß der Rundwirbler noch ein paar Mängel hat. Falls er im Flug schlingert, wickle eine weitere Schicht Klebeband um das Vorderende und laß ihn noch einmal fliegen. Füge so lange Klebeband hinzu, bis das Schlingern fast weg ist. Wenn der Rundwirbler zu schwer wird und nicht weit fliegt, entferne etwas von dem Klebeband. Es kann sein, daß das Schlingern nicht ganz zu beheben ist, weil der Pappzylinder von vornherein ein wenig zu schwer war.

So funktioniert's

Rundwirbler sind runde Flügel, die ganz ohne Flugzeugrumpf fliegen. So ein fliegender Rundflügel ist ein gutes Flugobjekt, denn er wird nicht von dem Gewicht eines Rumpfes heruntergezogen. Aber aus zwei Gründen ist nie ein wirklich guter rumploser Rundflügler in Flugzeuggröße gebaut worden. Erstens, weil ohne Rumpf kein Platz für Fracht, Gepäck und Besatzung ist. Und zweitens, weil sich Probleme mit der Flugstabilität ergeben.

Dein Rundwirbler hat keine Stabilitätsprobleme, weil er sich im Flug dreht. Die Drehbewegung sorgt für Stabilität. Genauso ist es ja auch bei einem Kreisel. Die Kreiselbewegung des Rundwirblers bewirkt, daß er im Flug das Gleichgewicht behält.

Der Super-Rundwirbler

Aus einer Cola-Dose kann man einen tollen Rundwirbler machen. Aber das ist nicht einfach. Bitte einen Erwachsenen darum, dir beim Zurechtschneiden der Dose zu helfen.

Du brauchst:

- eine Cola-Dose (Aluminiumdose)
- dickes, farbiges Klebeband
- durchsichtiges Klebeband
- eine Schere
- Lineal

1 Bohre mit der Spitze der Schere seitlich ein Loch in die Dose. Schneide von dort aus das eine Ende der Dose ab. Vorsicht: Beim Schneiden können Metallsplitter entstehen.

2 Der Dosenrand hat nun sicher ein paar scharfe Ecken. Schneide sie sorgfältig ab. Du kannst die Dose dabei ruhig verbiegen. Biege sie wieder zurecht, wenn alle scharfen Ecken entfernt sind.

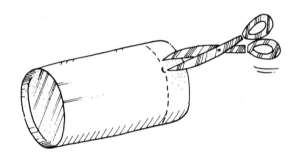

3 Miß den Durchmesser der Dose aus. Schneide das andere Dosenende ab, so daß Durchmesser und Länge des entstandenen Zylinders gleich sind. Entferne wiederum die scharfen Ecken.

4 Klebe eine Schicht farbiges Klebeband an den einen Rand des Zylinders. Dies ist die Vorderseite deines Super-Rundwirblers. Klebe eine Schicht durchsichtiges Klebeband an den anderen Rand. Das ist die Rückseite.

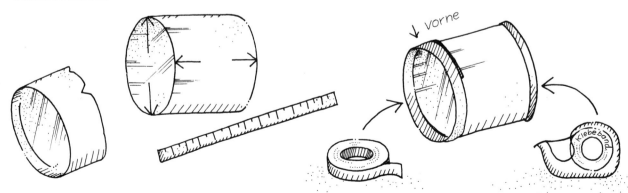

5 Zum Trimmen und Fliegenlassen des Super-Rundwirblers befolge die Anweisungen auf Seite 53.

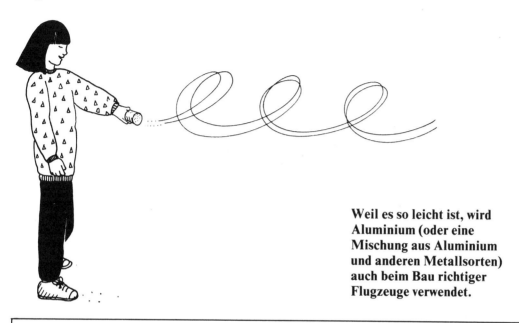

Weil es so leicht ist, wird Aluminium (oder eine Mischung aus Aluminium und anderen Metallsorten) auch beim Bau richtiger Flugzeuge verwendet.

Andere Kreiselflieger

Der bekannteste Kreiselflieger ist wohl das Frisbee. Es wurde von Bäckereigehilfen erfunden, die in ihrer Mittagspause mit Tortenplatten herumspielten. Dabei stellten sie etwas fest, was viele Menschen damals schon wußten: daß ein flacher, runder Gegenstand fliegt, wenn man ihm beim Werfen einen Drall gibt. Heute gibt es alle möglichen Arten von Frisbees, aber eine altmodische, leichte Tortenplatte tut's immer noch sehr gut.

FALLSCHIRME

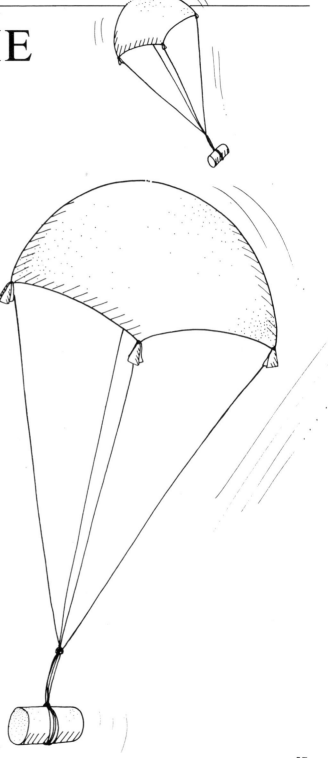

Fallschirme wurden schon vor langer Zeit erfunden. Sie waren wahrscheinlich die ersten funktionsfähigen Fluggeräte, die es gab. Aber viele Jahre lang machte sich niemand die Mühe, Fallschirme zu bauen. Warum nicht? – Solange es keine Ballons und Flugzeuge gab, brauchte man sie eigentlich gar nicht.
Als die Menschen dann mit Ballons fliegen konnten, begannen sie, aus den Ballonkörben herauszuspringen. Über Fallschirmsprünge aus Ballonkörben wurde um 1800 zum ersten Mal berichtet. Solche Sprünge galten damals als Kunststücke, aber schon bald erkannte man, daß Fallschirme auch Lebensretter sein können. Die Angehörigen der britischen und kanadischen Luftwaffe benutzten im Ersten Weltkrieg keine Fallschirme, obwohl es damals längst welche gab. Sie durften sie nicht benutzen. Ihre Befehlshaber glaubten, Fallschirme an Bord zu haben, wäre für die Flugzeugbesatzung eine zu große Versuchung. Sie könnten ja bei Gefahr einfach abspringen!
Aus einem abstürzenden Flugzeug rettet man sich heute noch durch einen Fallschirmsprung. Die Sportart Fallschirmspringen wird nur zum Vergnügen betrieben.

Der Tempo-Fallschirm

Diesen kleinen, leichten Fallschirm kann man gut im Zimmer fliegen lassen. Für draußen ist er nicht stabil genug.

Du brauchst:

- ein Papiertaschentuch
- Nähgarn
- Schere
- Maßband oder Lineal
- eine kleine Büroklammer oder etwas Ähnliches als Gewicht

1 Die meisten Papiertaschentücher sind ungefähr quadratisch und bestehen aus mehreren Lagen. Verwende nur eine Lage für deinen Tempo-Fallschirm.

2 Schneide von der Garnrolle vier Fäden ab. Alle vier müssen doppelt so lang sein wie eine Seite des Papiertaschentuchs. Wenn eine Seite 21 cm mißt, müssen die Fäden doppelt so lang sein, also 42 cm.

Teile des Fallschirms

Bei einem richtigen Fallschirm heißt der Teil, der deinem Papiertaschentuch entspricht, Schirmkappe; die Fäden nennt man Fangleinen. Ein richtiger Fallschirm hat viel mehr Fangleinen als dein Tempo-Fallschirm.

3 Binde an jede Ecke des Taschentuchs einen Faden.

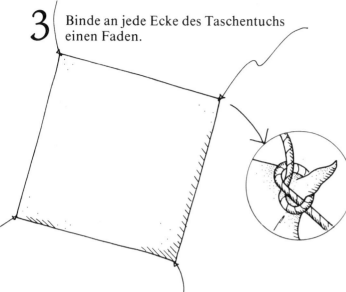

4 Nimm alle vier Fäden in die Hand und laß das Taschentuch herunterbaumeln. Knote die Fäden etwa in der Mitte zwischen Taschentuchecken und Fadenenden zusammen. Prüfe nach, ob der Abstand zwischen Knoten und Taschentuch bei allen vier Fäden gleich ist. Wenn nicht, versuch's noch einmal. Ist der Abstand gleich, so mach einen zweiten Knoten über den ersten.

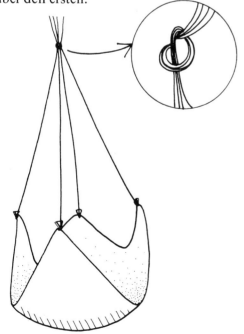

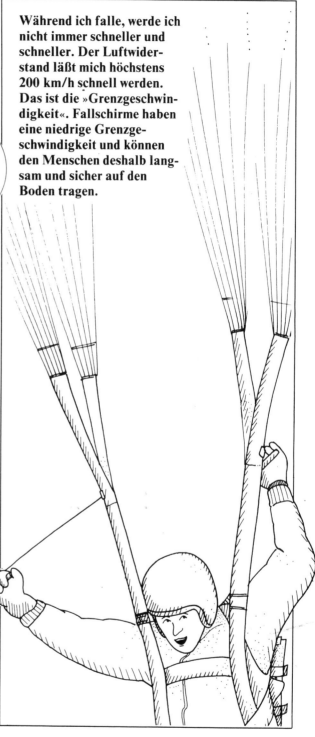

Während ich falle, werde ich nicht immer schneller und schneller. Der Luftwiderstand läßt mich höchstens 200 km/h schnell werden. Das ist die »Grenzgeschwindigkeit«. Fallschirme haben eine niedrige Grenzgeschwindigkeit und können den Menschen deshalb langsam und sicher auf den Boden tragen.

Wie man den Tempo-Fallschirm fliegen läßt

1 Befestige unterhalb des Knotens eine Büroklammer oder ein anderes leichtes Gewicht.

2 Halte den Tempo-Fallschirm an der Taschentuch-Mitte fest und achte darauf, daß die Fäden sich nicht verheddern. Halte den Schirm hoch in die Luft und laß ihn fallen.

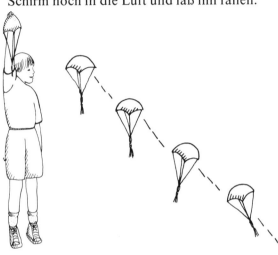

Fallschirmspringer in der Natur

Sieh dir im Sommer einmal an, wie der Samen des Löwenzahns durch die Luft schwebt. Er ist ein richtiger Mini-Fallschirm. Ebenso wie andere Fallschirmspringer-Samen hat er eine Schirmkappe aus dünnen Fasern. Diese Fasern sind eine so gute Fallschirmkappe, und die Samen sind so leicht, daß sie oft vom Wind aufwärts getragen werden.

Das gleiche passiert auch menschlichen Fallschirmspringern, wenn sie bei Sturm springen müssen. Starke Aufwinde tragen sie hoch statt herunter. Ein Pilot, der mit dem Fallschirm abspringen mußte, wurde einmal über 15 Minuten lang von Aufwinden erfaßt. Die ganze Zeit wurde er vom Wind herumgestoßen, und Hagelkörner prasselten auf ihn herab.

Viele Spinnen benutzen nur wenige Minuten, nachdem sie ausgeschlüpft sind, Fallschirme. Die Spinnenbabys spinnen ein Knäuel aus dünnem Netzmaterial und lassen es baumeln, bis ein Windstoß das Knäuel (zusammen mit der Spinne) fortträgt.

3 Wenn er zu schnell fällt, ist das Gewicht zu schwer. Ersetze es durch ein leichteres.

4 Wenn er langsam fällt, dabei aber stark hin und her pendelt, ist das Gewicht zu leicht. Beschwere den Tempo-Fallschirm noch ein wenig mehr, bis er leicht pendelnd zu Boden schwebt.

Fallschirme früher und heute

Der erste Fallschirm wurde vor über 500 Jahren von Leonardo da Vinci entworfen. Leonardo zeichnete einen Fallschirm, der unten einen starren Rahmen hatte, pyramidenförmig war und wie durch Speichen gestützt aussah, der also nicht faltbar war wie die heutigen Fallschirme. Es gibt keinerlei Hinweis darauf, daß dieser Fallschirm jemals ausprobiert wurde.

Viele der modernen Sportfallschirme sind Gleitfallschirme. Sie bestehen aus einer doppelten Lage rechteckigen Stoffs mit einer Öffnung an der einen Seite. Durch diese Öffnung weht Luft zwischen die beiden Stoffbahnen und gibt dem Gleitfallschirm eine tragflächenähnliche Form. Deshalb kann er wie eine Flugzeug-Tragfläche vorwärtsgleiten. Lenken kann man den Gleitfallschirm, indem man an den Fangleinen zieht, die an seinen Ecken befestigt sind. Jemand hat sogar ein Fallschirm*flugzeug* gebaut. Es besteht aus einem Sitz, zwei Motoren und einem Propeller, die an einem als Tragfläche dienenden Gleitfallschirm aufgehängt sind.

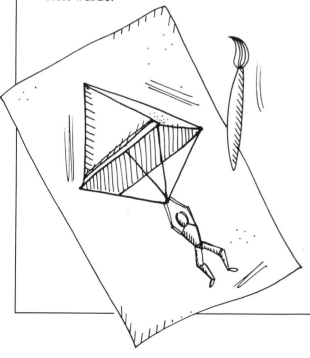

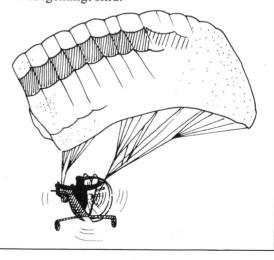

Der Freiluft-Fallschirm

Um einen Fallschirm zu bauen, den man draußen fliegen lassen kann, brauchst du etwas Größeres und Stabileres als ein Papiertaschentuch. Der Himmel ist die Grenze für einen hohen und langen Flug mit diesem Freiluft-Fallschirm.

Du brauchst:
- ein quadratisches Stofftaschentuch oder Halstuch
- eine leichte Schnur
- Schere
- Maßband oder Lineal
- ein Gewicht

1 Nimm dein Stofftuch und befolge die Anweisungen auf S. 58-59, Schritt 2-4.

Wie man den Freiluft-Fallschirm fliegen läßt

1 Binde an den Fangleinen unterhalb des Knotens ein Gewicht fest.

2 Halte den Fallschirm an der Mitte der Schirmkappe fest und rolle ihn in Richtung des Gewichts ein. Falte dabei die Seiten nach innen, damit du eine ordentliche Stoffrolle erhältst.

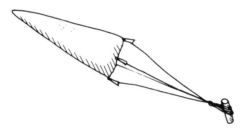

3 Wickle zum Schluß die Fangleinen um die Stoffrolle. Das Gewicht muß außen sein, sonst verheddern sich die Fangleinen, wenn du den Fallschirm wirfst.

4 Wirf den Fallschirm so hoch wie möglich in die Luft.

5 Fällt der Freiluft-Fallschirm zu schnell, dann wähle ein leichteres Gewicht. Wenn er zu langsam fällt und dabei hin und her pendelt, nimm ein schwereres Gewicht. Selbst wenn du ein ideales Gewicht gewählt hast, wird der Fallschirm leicht hin und her pendeln. Richtige Fallschirme haben oft in der Schirmkappe ein Loch, durch das Luft entweichen kann. Auf diese Weise verringert sich die Pendelbewegung.

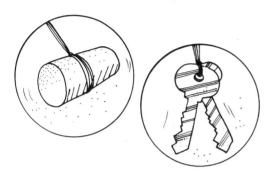

Gaaaanz langsam

Fallschirme können auch dazu dienen, schnellen Düsenflugzeugen nach der Landung beim Abbremsen zu helfen. Solch ein Bremsfallschirm befindet sich in einem kleinen Behälter am Heck des Düsenflugzeugs. Er wird herausgelassen, sobald das Flugzeug auf der Landebahn aufgesetzt hat.

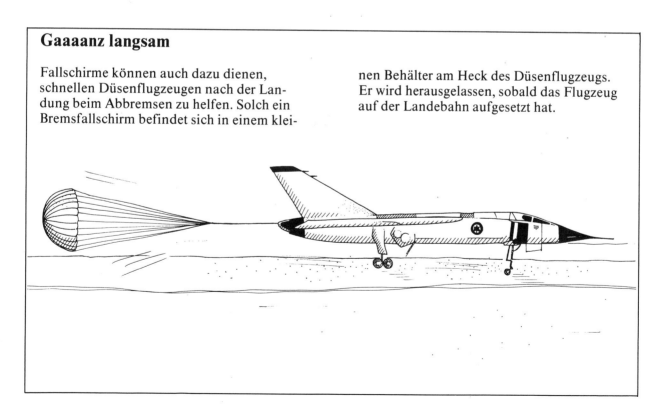

DRACHEN

Drachen haben eine lange und interessante Geschichte. Man weiß nicht, wer zum ersten Mal einen Drachen steigen ließ und wo dies geschah. Aber da es in China schon 2 000 Jahre vor Christus Seide und Bambus gab, ist es möglich, daß die ersten Drachen dort in die Luft stiegen. Anschließend verbreiteten sie sich wahrscheinlich nach Korea und Japan und nach Indochina, Birma, Indonesien, Melanesien und Polynesien. Auf den Inseln im Pazifischen Ozean gab es Drachen, die aus riesigen Blättern gebaut wurden.
Drachen dienten früher vielen verschiedenen Zwecken. In China war es üblich, daß eine Familie am siebten Geburtstag des ältesten Sohnes einen Drachen steigen ließ, der alles Unglück von dem Kind forttragen sollte. So einen Geburtstagsdrachen ließ man in die Luft steigen und dann frei fliegen, damit er das Unglück mit sich fortnehme. Dieses übertrug sich dann – so glaubte man – auf den Menschen, der den Drachen aufhob.
Drachen wurden auch dazu benutzt, Botschaften oder Warnungen vor Gefahr zu überbringen. Mit kleinen, wendigen Drachen veranstaltete man sogar Wettbewerbe im Drachenkampf. Dabei kam es darauf an, den gegnerischen Drachen zu Boden zu zwingen, indem man ihn rammte oder seine Steigleinen durchtrennte. Manchmal wurden auch in richtigen Schlachten Drachen eingesetzt. Man befestigte an ihnen Laternen oder geräuschemachende Gegenstände und lenkte sie nachts über das Lager der Feinde, um diese zu erschrecken.

Als sich die Kunst des Drachensteigenlassens nach Westen ausbreitete, gingen einige der Bedeutungen, die der Drachen einst hatte, verloren. Man betrachtete ihn nun als Spielzeug oder benutzte ihn für wissenschaftliche Experimente. Der Amerikaner Benjamin Franklin hatte großes Glück, daß er nicht getötet wurde, als er bei Gewitter einen Drachen fliegen ließ, um festzustellen, ob Blitze elektrisch geladen sind. Andere Tüftler versuchten, Rettungsboote und Pferdewagen von Drachen ziehen zu lassen, mit Drachen Radioantennen aufzurichten oder das Wetter zu beobachten.
Die Drachen, die du in diesem Kapitel nachbauen kannst, sind einfach zum Vergnügen da. Du brauchst kein besonderes Baumaterial, sondern nur Dinge, die es in jeder Küche gibt.

Der Müllbeutel-Schlitten

Dieser Drachen wird aus ganz einfachem Material gebaut und läßt sich gut transportieren, weil er faltbar ist.

Du brauchst:

- einen Müllbeutel für den Küchen-Mülleimer
- vier Plastikstrohhalme, mindestens 22 cm lang
- eine leichte Schnur
- Klebeband
- Schere
- Maßband oder Lineal

1 Schneide den Müllbeutel der Abbildung entsprechend zurecht. Achte darauf, daß du beide Lagen des Beutels durchschneidest. Schneide nicht an der Bodenfalte entlang.

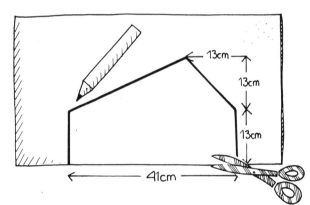

2 Klapp den Drachen auseinander und klebe ihn auf eine ebene Fläche, damit er nicht verrutschen kann.

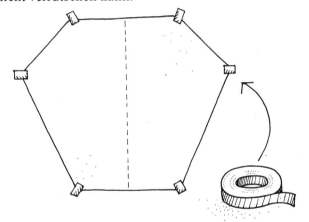

3 Steck die Enden zweier Strohhalme ineinander, so daß ein langer Strohhalm daraus wird. Drück dazu das Ende des einen Halms zusammen. Du kannst die beiden Enden auch mit Klebeband zusammenfügen. – Mach das gleiche mit den anderen beiden Strohhalmen.

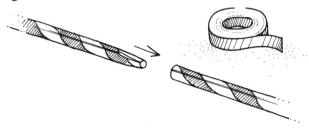

4 Klebe die Riesen-Strohhalme der Abbildung entsprechend an dem Drachen fest.

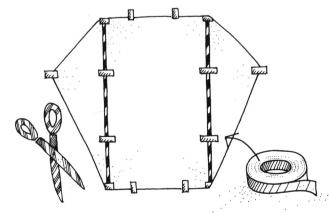

5 Entferne das Klebeband, mit dem der Drachen festgeklebt ist, und drehe ihn um. Verstärke nun die Ecken mit Klebeband, damit sie nicht einreißen.

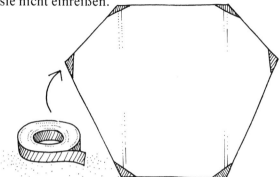

6 Befestige eine 1,53 cm lange Schnur an den äußeren Eckpunkten. Steche dazu ein winziges Loch in die Ecken und binde die Schnur fest. Dies wird die »Waage« des Drachens.

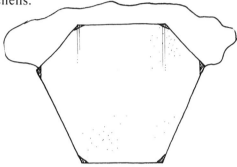

7 Mach in der Mitte der Waageschnur einen Knoten in Form einer Schlaufe. Binde eine lange Schnur als Steigleine daran fest.

8 Drachen brauchst du nicht zu trimmen. Beachte nur, daß die Seite mit den Strohhalmen die Unterseite ist.

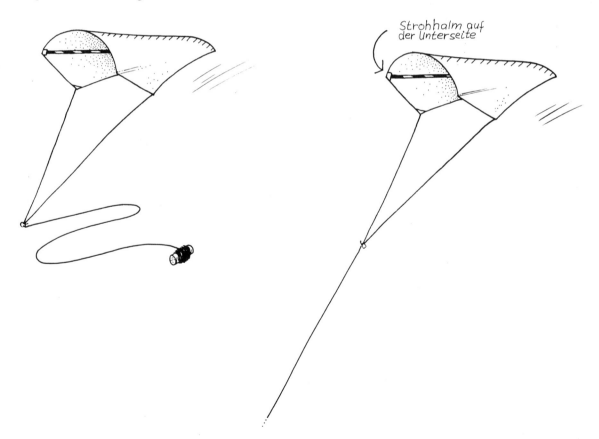

Der Charinga

Dieser gefaltete Papierdrachen mit Schwanz fliegt bei leichtem Wind sehr schön. Starker Wind dreht ihn um, so daß er schlecht fliegen kann.

Du brauchst:
- ein Blatt Papier, zu einem Quadrat geschnitten
- Papier, das man in lange Streifen schneiden kann, für den Schwanz
- eine feste Schnur
- Klebeband
- Schere
- Lineal

1 Falte das Blatt über Eck.

2 Falte die Ecke A zur Kante B.

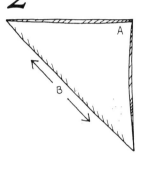

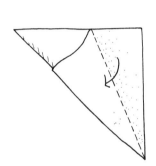

3 Falte die Ecke C hinunter zur Kante D.

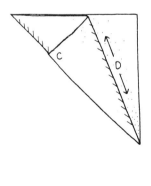

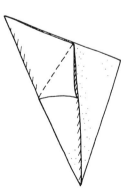

4 Dreh das Blatt um und wiederhole auf der anderen Seite Schritt 2 und 3. Dein Drachen sollte nun so aussehen:

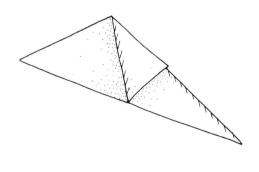

5 Schneide die vordere und hintere Ecke ab (siehe Bild).

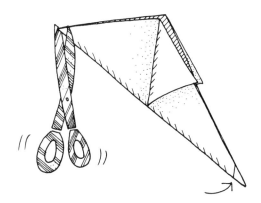

6 Falte den Drachen auseinander und dreh ihn so, daß der Mittelfalz auf dich zuläuft und das schmale Ende (die Nase) von dir wegzeigt.

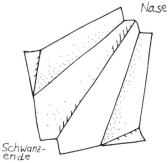

7 Schneide ein Stück Schnur für die Waage ab, so lang, daß du es um die Nase herumführen kannst. Klebe es der Abbildung entsprechend an.

8 Mach in der Mitte der Waageschnur einen Knoten in Form einer Schlaufe. Binde daran die Steigleine fest.

9 Für den Schwanz des Drachens schneide drei Papierstreifen von 1 m Länge und 1 cm Breite aus. Klebe die Streifen an das Schwanzende des Drachens.

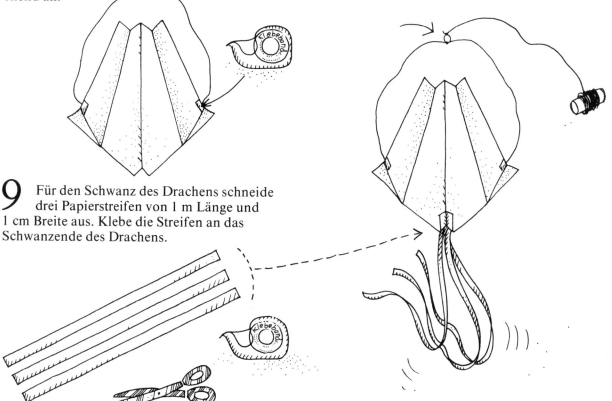

Wie man den Charinga trimmt und steigen läßt

1 Wenn du den Charinga steigen läßt, achte darauf, daß der Mittelfalz nach unten zeigt.

2 Ruckt der Charinga beim Fliegen vor und zurück, so klebe mehr Papierstreifen ans Schwanzende. Entferne welche, wenn der Drachen nicht richtig steigt.

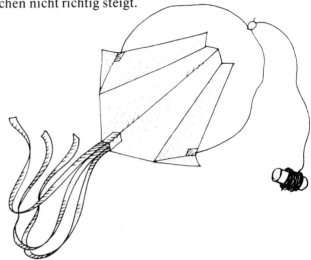

Tips zum Drachensteigenlassen

Es gibt Tage, da fliegt dein Drachen schlecht. Was du auch tust, er ruckt hin und her und segelt vielleicht sogar im Sturzflug zu Boden. Wenn es dir so ergeht, dann achte einmal darauf, wo du den Drachen fliegen läßt. Es könnte sein, daß dort der Wind um Bäume und Häuser herum- und darüber hinwegfegt, so daß böige Luftströme entstehen, die deinen Drachen in alle möglichen Richtungen schubsen.

Das gleiche Problem kann entstehen, wenn der Wind über die Kuppe eines Hügels und dann einen Hang hinunterbläst.

Die besten Bedingungen zum Drachensteigenlassen herrschen dort, wo der Wind eine leichte Steigung hinaufbläst.

Von Drachen lernen

Bei ihren Versuchen, den Geheimnissen des Fliegens auf den Grund zu kommen, benutzten viele Pioniere der Luftfahrt Drachen. Der Engländer Sir George Cayley, der als der Vater der modernen Luftfahrt gilt, befestigte an einem Drachen einen pfeilförmigen Schwanz und baute so den ersten funktionierenden Gleitflugapparat. Die Gebrüder Wright aus den USA ließen große Gleiter wie Drachen fliegen – erst unbemannt, dann flogen sie selbst mit. Der Kanadier Alexander Graham Bell und der Engländer Samuel Cody bauten manntragende Drachen.

Cayleys Gleitflugapparat 1819

1900 Die Gebrüder Wright

Der Bermuda-Kinder-Drachen

Einige Drachen sind so groß, daß bis zu 20 Menschen beim Steigenlassen helfen müssen. Dieser Drachen ist so klein, daß du ihn mit zwei Fingern in die Luft bringst.

Du brauchst:

- braunes Packpapier oder eine Papiertüte
- dünne Stäbe (hölzerne eignen sich gut, ebenso dünne Zweige)
- Zeitungs-, Krepp- oder Seidenpapier für den Schwanz, in 2 m lange und 1,5 cm breite Streifen geschnitten
- Bindfaden
- Schere
- Maßband oder Lineal

1 Auf Seite 73 ist der Drachen »in Lebensgröße« abgebildet. Zeichne seine Form auf Packpapier nach.

2 Schneide den Drachen aus und steche an den vorgegebenen Stellen kleine Löcher hinein.

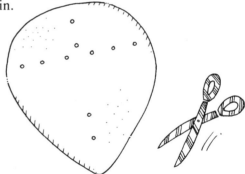

3 Schneide die Stäbe auf die richtige Größe zurecht und stecke sie durch die Löcher.

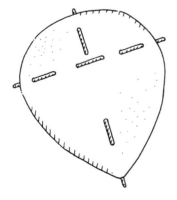

4 Schneide ein etwa 25 cm langes Stück Bindfaden ab und befestige es als Waageschnur an dem Drachen (siehe Bild).

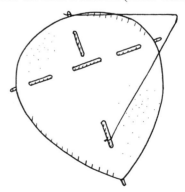

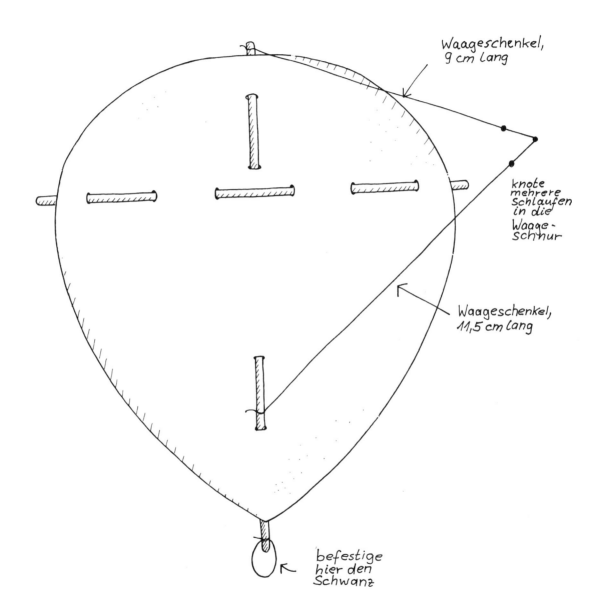

5 Suche den Punkt der Waageschnur, der vom Vorderende des Drachens 9 cm und vom hinteren Ende 11,5 cm entfernt ist. Knote an dieser Stelle eine kleine Schlaufe in die Schnur.

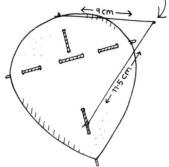

6 Knote 1 cm links und rechts von der ersten Schlaufe je eine weitere Schlaufe in die Schnur.

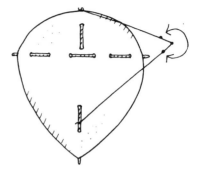

7 Befestige eine Garnschlaufe am unteren Ende des Stabes (siehe Bild) und binde oder klebe den Schwanz daran fest.

8 Befestige die Steigleine an der mittleren Schlaufe der Waage. Befolge die Trimm-Anweisungen auf Seite 76.

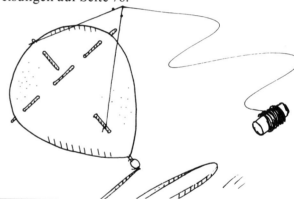

Halt fest!

Einige Drachen ziehen ganz schön kräftig an der Leine! Damit du dir die Hände nicht verletzt, wickle das Ende der Steigleine um einen spindelförmigen Gegenstand, zum Beispiel ein Stück Besenstiel, eine Papprolle, eine Spülmittelflasche oder auch einen Ast.

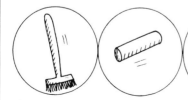

Wichtige Regeln für's Drachensteigenlassen

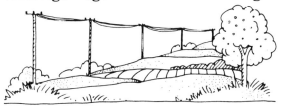

1. Laß deinen Drachen nicht in der Nähe von Hochspannungsleitungen steigen. Sollte der Drachen oder die Leine einmal mit einer Hochspannungsleitung in Berührung kommen, laß sofort los! Faß beides nicht wieder an, solange es Kontakt mit der Leitung hat. Du könntest einen tödlichen elektrischen Schlag bekommen. Also nimm dich in acht!

2. Laß den Drachen nicht steigen, wenn ein Gewitter naht. Bei Gewitter kann ebenfalls lebensgefährliche elektrische Spannung entstehen.

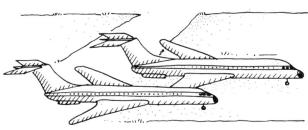

3. Laß deinen Drachen weder in der Nähe von Flughäfen noch einem anderen Ort steigen, wo er Flugzeugen in den Weg geraten könnte.

4. Laß deinen Drachen nicht über Straßen fliegen, wo er den Autoverkehr stören könnte.

5. Laß den Drachen nicht über Häuser fliegen. Wenn er auf ein Haus stürzt oder in einen Blumengarten, hast du nicht nur einen kaputten Drachen, sondern mußt dich auch mit einigen sehr verärgerten Leuten abgeben.

6. Laß den Drachen nicht dort steigen, wo viele Menschen sind. Sie könnten sich an dem Drachen oder der Steigleine verletzen.

7. Such dir einen sicheren Ort. Und dann: viel Spaß!

Wie man den Bermuda-Kinder-Drachen trimmt und steigen läßt

1 Wenn der Drachen hinter dir her fliegt und nicht hochsteigen will, befestige die Steigleine an der oberen Schlaufe der Waage.

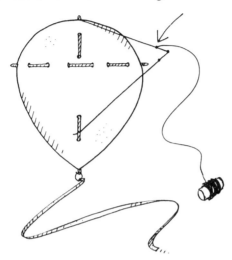

2 Wenn der Drachen immer noch zurückbleibt, knote 1 cm näher zur Nase hin eine weitere Schlaufe in die Waage und befestige daran die Steigleine. Fahre fort, Schlaufen zu machen und die Leine zu versetzen, bis der Drachen gut fliegt.

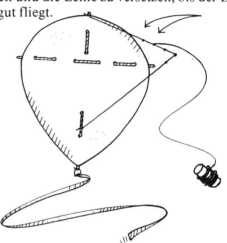

3 Wenn das Vorrücken der Leine nicht hilft, ist der Schwanz vielleicht zu schwer. Entferne einen Teil des Schwanzes und beginne noch einmal mit der Steigleine an der mittleren Schlaufe.

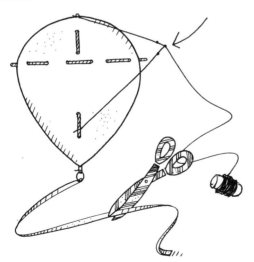

4 Wenn der Drachen zu hoch über deinen Kopf steigt, versetze die Steigleine Schlaufe für Schlaufe weiter nach hinten, bis der Drachen gut fliegt.

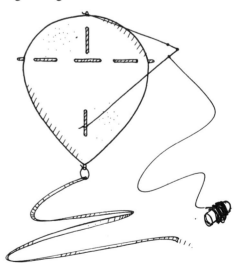

5 Wenn der Drachen auf einer guten Höhe fliegt, aber dabei hin und her schießt, könnte der Schwanz zu leicht sein. Füge mehr Papierstreifen hinzu, bis der Drachen besser fliegt.

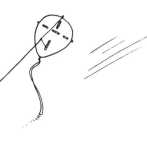

Indem du die Steigleine versetzt, veränderst du den Winkel des Drachens zur Windrichtung. Je tiefer seine Nase nach unten gezogen wird (durch Versetzen der Steigleine in Richtung Nase), desto stärker neigt der Drachen dazu, hoch über deinem Kopf zu fliegen. Je tiefer das Schwanzende nach unten gezogen wird (durch Versetzen der Steigleine in Richtung Schwanz), desto stärker neigt der Drachen dazu, hinter dir zurückzubleiben. Probiere ein wenig herum, um herauszufinden, wie dein Drachen am besten fliegt.

Eine erhebende Tatsache

Auf einen fliegenden Drachen wirken die gleichen Kräfte ein wie auf ein Flugzeug. (Mehr über diese Kräfte erfährst du auf Seite 15.) Auftrieb erhält der Drachen zum größten Teil durch die Luft, die von unten gegen ihn drückt.

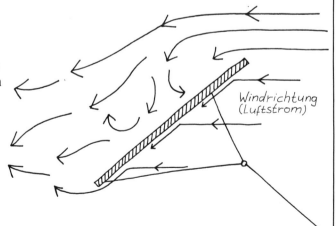

WISSEN MACHT SPASS

Heiße Tips für kühle Köpfe
88 Seiten. Durchgehend ill. Ab 10
– Das Buch der Experimente –
Verblüffende Tricks und Experimente, für die man weder Bunsenbrenner noch Chemiekasten braucht. Alles, was man benötigt, kann man ohne große Mühe in einem gewöhnlichen Haushalt finden.

Schreiben mit Geheimtinte
(aus Heiße Tips für kühle Köpfe)

Das folgende Experiment verrät, wie Du Geheimbotschaften schreiben kannst, ohne daß man sie sieht.

Dazu brauchst Du:
Essig oder Zitronensaft als Tinte, einen Zahnstocher oder einen Tuschepinsel zum Schreiben, ein Blatt Papier und einen Kerzenhalter mit Kerze.
1. Tauche den Zahnstocher oder den Pinsel in die Essig- oder Zitronen-Tinte und schreibe Deine Nachricht auf ein Blatt Papier. Wenn die Schrift getrocknet ist, sieht das Papier leer aus.
2. Wenn du die Geheimbotschaft lesen willst, mußt Du das Papier über der brennenden Kerze hin und her bewegen. Paß gut auf, daß das Papier nicht Feuer fängt. Nach und nach wird die Schrift sichtbar.

Wie funktioniert das?
Die Hitze der Flamme verursacht in der getrockneten Tinte eine chemische Reaktion. Die Stellen des Papiers, die den Essig oder den Zitronensaft aufgesogen haben, verkohlen bei niedriger Temperatur und damit früher als das unbehandelte Papier. Deshalb wird die Schrift als blaßbraune, versengte Linie sichtbar.

Schmecken und Entdecken
– Geschichten, Informationen und Experimente rund ums Essen –
94 Seiten. Durchgehend ill. Ab 10
Warum knurrt der Magen? Wer erfand die Nudel? Was steckt eigentlich alles in Lebensmitteln? Diese und viele weitere Fragen werden in witzigen Geschichten, kurzen Sachinformationen und anhand von Beispielen beantwortet. Die Informationen sind in Experimenten leicht nachzuvollziehen, zu prüfen, nachzukochen und nachzulesen.